リベラル・デモクラシーと神権政治
スピノザからレオ・シュトラウスまで

柴田寿子——［著］

東京大学出版会

Liberal Democracy and Theocracy
From Spinoza to Leo Strauss
Toshiko SHIBATA
University of Tokyo Press, 2009
ISBN978-4-13-010111-0

はじめに

こんにち近代化された社会においては、科学主義・技術主義の圧倒的勝利という意味での啓蒙や世俗化が進展し、その結果、有神論対無神論といった思想上の対立軸はもはや意味を失ったとみられてきた。しかし欧米で進む世俗化は、必ずしも宗教の弱小化や消滅を意味しない。それは「宗教からの自由」ではなく、公私の領域の分離にともなう個人の「宗教の自由」を意味し、たとえばアメリカ合衆国は、第二次大戦以降一貫して人口の九五パーセント前後の人々が神の存在を信じる宗教性の高い国である(1)。また一九八〇年代以降、地球上各地で宗教対立に絡んだ紛争が多発し、カルトや原理主義の活発化や宗教の多様化が進んでいる。人々は、近代的な世俗的啓蒙とそれにともなう宗教と学問（科学・哲学・芸術）、宗教と政治、宗教と経済の区別と両立という欧米世界で確立された諸原則や、近代化とともに宗教は衰退（周辺化）するあるいは私事化するという世俗化テーゼは、必ずしも一般論としては成り立たないとの印象を強くしている。グローバルなレベルで進むこうした宗教の脱私事化の動向は、これまで安定的なものとして当然視されてきた、宗教と政治、私的領域と公的領域、社会（ないし市民社会）と国家、道徳と法、さらには感情と理性、家庭（女性的なもの）と公（男性的なもの）といった区分までをも含めた数々の近代的な境界設定や機能分化のあり方にたいし、宗教のように周辺化され私事化された領域に配置された人々が行っている異議申し立てに起因する、との見方は正しいであろう。[2]

とりわけ、宗教の私事化を促したこうした近代的な世俗的啓蒙や政教分離の原則が、リベラル・デモクラシーと呼ばれる政治原理や政治体制と歴史的に不可分な関係をもって発展してきたことを考えるなら、このような異議申し立ては、リベラル・デモクラシーそのものにたいする根本的な疑義を提出しているといえるだろう。本書は、政治思想としても、また現実政治においても、その価値と有効性が、とくに社会主義諸国崩壊後は一般に是認されてきたリベラル・デモクラシーが内含するこのような大問題にたいして、思想史上のある小さな一点から分け入り、最終的には、こうした問題設定を本質的に共有する政治思想史の鉱脈を明るみにすることを目的としている。

その切り口となる思想史上の一点とは、近代初期に政治と宗教、理性と啓示といった二項対立をめぐる「神学政治問題」に切り込んだスピノザである。彼がたてた問題とは、現代からみて一言でいうならば、「リベラル・デモクラシーによる政治」と「啓示による政治としての神権政治」の問題である。すなわちスピノザは、典型的には政教分離に帰着する西洋政治思想の文脈のなかで、理性と啓示、政治と宗教を両立させる道をとるのではなく、「リベラル・デモクラシーによる政治」と「啓示による政治としての神権政治」とを、別の方法で接合しようとした。この問題およびこれに答えるための政治思想の道筋は、メンデルスゾーン、レッシング、カントといったドイツ啓蒙哲学、そしてシェリング、ヘーゲルを中心としたスピノザ・ルネサンスを経由して、マルクスによる「(スピノザの)『神学・政治論』ノート」や「ユダヤ人問題」を経た後、ヴァイマール共和国時代のユダヤ人問題に至る系譜を形づくる。レオ・シュトラウス、ハンナ・アーレント、カール・シュミットら、戦間期ドイツの政治哲学者たちは、こうした同一問題の俎上で思考していた。そして昨今、亡命ユダヤ人であるレオ・シュトラウスとネオコンサーヴァティズムとの思想的連関がとりざたされるように、ヴァイマール期の亡命ユダヤ人の思考は、現代のアメリカの政治思想を語るうえで、重要な一局面ともなっている。この政治思想史上の事実は、スピノザによる「神学政治問題」へのとりくみが、現代にまで反響していることを示している。そこで各章は、直接的にはスピノザを論じていなくても、スピノザの思想と照応しあい、あるいはスピノザを参照点として論じられている。

第I部は、『スピノザの宗教批判』に読みとれるレオ・シュトラウスのスピノザ解釈を主要な手がかりの一つとしながら、シュトラウスのリベラル・デモクラシーに対する評価と、二人の思想の交点について論じる。ある意味で、スピノザに最も近く、かつ最も批判的であるという一見矛盾した位置にあるのが、現在、ネオコンサーヴァティズムの思想的支柱と言われるシュトラウスであろう。しかしながら、彼自身の著作のなかにはいわゆるネオコンを特徴づける諸要素（軍事的・新自由主義的政策、あるいはエリート主義とポピュリズムの結合など）はない。それにもかかわらず、なぜそのようにみなされるようになったのかは現在のアメリカの政治思想を知るうえで、重要な問題である（第一章）。シュトラウス自身は、リベラル・デモクラシーを一方で支持しつつ、他方でそれにたいする批判を展開した。シュトラウスによれば、ホロコーストに至ったユダヤ人問題の思想的背景には、一方には、カント的な普遍主義や同化主義およびリベラル・デモクラシーの限界があり、他方には、当時のユダヤ人思想家が模索したさまざまな方向性が有効でなかったという問題があった。当時、新カント派のユダヤ人思想家ヘルマン・コーヘンやハシディズムのマルティン・ブーバーなど、ヴァイマールのユダヤ人思想家たちにとって、ユダヤ教を裏切ったスピノザは、ユダヤ人問題を考えるうえで主要な批判の対象となっていた。だがユダヤ教信者であるにもかかわらず、シュトラウスは、こうした同朋らによる激しいスピノザ批判とは一線を画している。政治思想家・政治哲学者としてのシュトラウスはスピノザの何を批判し、何を共有するのか（第二章）。

第Ⅱ部は、理性と啓示の対置という構図にスピノザがとった独自の理解と、そこから構成される彼の政治思想がもつ固有の意義を論じる。スピノザは、神学政治問題にたいしてどのような解答を与えたのか、とくにリベラルな政治と啓示にもとづく政治の関係をどう考えたのだろうか（第三章）。さらに、ホッブズとスピノザの聖書解釈や歴史概念のとらえ方の相違をたどることによって、スピノザにおける民衆と歴史とデモクラシーの関係の一端を明らかにする（第四章）。最後に、理性と啓示を単純に敵対させるのではなく、その闘争的共存関係を土台にリベラルな政治に道を開くというカントの戦略に焦点を合わせ、コスモポリタン・デモクラシーの意義を確認する（第五章）。ホッブズやカントを参照し、あるいは対比することで、必ずしもリベラル・デモクラシーの本流と全面的に重なり合うわけではないスピノザの政治思想の原理的な特徴を抽出することが、ここでの狙いである。

第Ⅲ部は、第三帝国において迫害される側にあったユダヤ人アーレントと、迫害する側にあった非ユダヤ人カール・シュミットという立場的にも思想的にも対極にある二人、そしてユダヤ人でありながら、ユダヤ教それ自体の基盤を「実際的な欲求とエゴイズム」と述べ、「反ユダヤ主義的」とも評されたマルクスに焦点を合わせ、スピノザ的な発想や思考と一九世紀の「ユダヤ人問題」やヴァイマール期の政治思想との共鳴関係を探る。シュトラウスが戦後アメリカでリベラル・デモクラシーの弱点のひとつと考えたのは、黒人や宗教コミュニティにたいする差別問題であり、彼はそれをかつてのヴァイマール時代のユダヤ人問題の記憶と重ねて思考している。このような問題を、シュトラウスのように、宗教と啓示の立場からではなく、アーレントのように政治と哲学の立場から思考した場合、どういう異なる方向性が展開されるのだろうか（第六章）。ところで、スピノザ読解はヴァイマール期のユダヤ人思想家にとって一つの大きな焦点であった。しかし、スピノザへの関心は必ずしもユダヤ系の人たちに限定されていたわけではなかった。非ユダヤ人というよりもむしろ結果としてではあれ、積極的にユダヤ人排撃に加担することとなったカール・シュミットは、彼独自の「政治神学」と反ユダヤ主義の立場から、スピノザを読解している。興味深いことに、その読解は、近年『帝国』で取りざたされる左翼的なネグリによるスピノザ解釈と相通じる点がある。スピノザとシュミットは、「政治神学」という問題軸をめぐり、どのように関わりあっているのだろうか（第七章）。おりしも現在アメリカでは、新たなスピノザ研究やシュトラウス研究が出始めている。第Ⅰ部で、こうした思想史的経緯をおさえたのだが、現在わたしたちは、「リベラル・デモクラシーによる政治」と「啓示による政治としての神権政治」とをどのように関係づけ、再考すべきなのだろうか。本著の締めくくりとして、公共空間からの宗教の撤退という意味での政治的「無神論」が抱える問題を、マルクスを手がかりとして検討する。本章では、とくに踏み込んでスピノザに論究しているわけではない。しかしながらその結論は、政治と宗教をめぐる現今の問題解決のために、スピノザ的なものが含む可能性に目を向ける有効性を示唆するものである(第八章)。

注

(1) Norris, Pippa and Inglehart, Ronald, *Sacred and Secular: Religion and Politics Worldwide*, Cambridge: Cambridge University Press, 2004, p.90. 近年のアメリカ合衆国と西欧諸国の宗教状況に関する興味深い比較と各種統計が pp.85–110 に詳しく掲載されている。

(2) こんにち宗教の私事化と脱私事化が同時にパラドキシカルに進行するなかで、公私の領域区分をはじめ数々の境界設定が組み替えられようとしている点については、さしあたり、ホセ・カサノヴァ『近代世界の公共宗教』(津城寛文訳)玉川大学出版部、一九九七年を参照。

リベラル・デモクラシーと神権政治／目　次

はじめに

第Ⅰ部　リベラル・デモクラシーに内在する宗教の問題

第一章　グローバルなリベラル・デモクラシーとヴァイマールの亡霊

——現代アメリカにおけるレオ・シュトラウスの浮上は何を物語るのか

第一節　新保守主義とレオ・シュトラウス

「グローバルなリベラル・デモクラシー」と新保守主義的な政治道徳

資本主義が（欧米化・近代化という限定された意味で）世界システムとして成立して以来、「グローバリズム」と呼ばれうる状況はつねに存在したが、今日ではそれは、冷戦終結後の金融経済・電子情報・軍事革命などをめぐるグローバルな状況変化を意味し、とくに二〇〇一年の九・一一後には、「帝国」と呼ばれるアメリカ指導型の新自由主義的な経済および軍事システムの脱領域的な運動そのものを指示する言葉となってしまった。すでに一九九五年のペリー米国国防長官による年次報告では、「米国はグローバルな利益と現実に直結する唯一の国家であるため、国際社会のごく自然なリーダーである」と述べられている。(1) 冷戦後のアメリカは、グローバリズムが進む世界の秩序とはアメリカ的秩序であり、グローバルな秩序維持はアメリカの国民的使命である、という自己認識に自然に行き着いたかのようである。ベンジャミン・フランクリン以来、アメリカのみが、自国の利益や大義とグローバルな利益や「全人類の大義」とを結合しうる唯一の「例外主義」的な国家であることは、「普遍的ナショナリズム」や「普遍国家」という言葉で端的に表現されている。[2]

それゆえケーガンのような「ネオコン」と呼ばれるアメリカの新しい保守主義者が、国際政治の場で主張する先制攻撃や国際法違反の新戦略は、ハーバーマス[3]をはじめ多くの論者が指摘するように、キッシンジャー流の現実主義と呼ばれてきた考え方に依拠したものではない。それは、リベラル・デモクラシーという普遍的な道徳的価値を実現する政治的使命のため、強国は現実主義的利益を越えたリスクを負うべきだという、規範主義的で「革命的」と言われる思考に依拠している。そのさいの普遍的規範とは、リベラルな人権規定や政教分離、民主的決定手続きなどだが、それら政治的価値が法や慣習を越えた武力や外圧によって普及・実現されるべきとする点で、カント的な道徳律の実践や法的正義の要請に内在する普遍性ではなく、またリベラル・デモクラシーが市民に日常的に要請する社会的活動や行動規範とも異なる。

この新保守主義的な政治道徳が、あたかも「正戦／聖戦」の観念をともなう「信仰」であるかのようなイメージは、ブッシュ政権成立以降とくに横行するようになった。たしかに「自由と民主主義にたいするアメリカの信仰（faith）」は「わが国の信条以上のものであり、それはわれわれ人類が生まれながらに抱いている希望」であるという、ブッシュの就任演説（二〇〇一年一月二〇日）の一節や、テロにたいする戦争はたんにアメリカだけの戦いではなく、「文明」および「進歩と多元主義、寛容と自由を信じるすべての者の戦い」であり、「神は両者の間で中立ではない」という、九・一一後の「議会と国民合同の集会」でのブッシュの宣言は、[4]アメリカの「外」にいる者にはきわめて野蛮で一元的かつ不寛容な印象を与えた。ブッシュと右派のキリスト教的原理主義組織「キリスト教徒連合」との結びつきも取りざたされている。本来ならば、アメリカの「普遍的ナショナリズム」の正体は、グローバル化された資本・多国籍企業・情報の運動や様式の変化、またそれと密接かつ跛行的に連関する国民国家や軍事暴力の再組織化の実態にあるはずだが、イスラーム・キリスト教間における宗教的原理主義の問題にすり替えられてしまったかの観がある。

リベラル・デモクラシーの課題指摘者としてのレオ・シュトラウス

このように冷戦終結以降、アメリカにおける合理的な「現実主義」が新保守主義的な「原理主義」へと質的に変化しつつある状況のなかで、奇妙な風評が日米のマスメディアのなかで飛び交うようになった。それはこの新保守主義の思想的根拠が、ヴァイマール期の亡命ユダヤ人思想家レオ・シュトラウス(Leo Strauss,1899-1973)にあるという風評である。シュトラウスは一九三二年、ナチの手を逃れフランス、イギリスに寄留した後アメリカに渡り、一九三八年から一九四九年までニューヨークのNew School for Social Researchで、一九四九年から一九六七年まではシカゴ大学政治科学部で教え、百人以上のドクターコースの学生を送り出している。一九四四年にはアメリカの市民権を得、一九六八年から翌年まではクレアモント・マッケナ大学の前身であるClaremont Men's Collegeで、一九六九年から亡くなるまではセント・ジョンズ大学で教鞭をとった[5]。

新保守主義とシュトラウス思想との結びつきを論難する急先鋒のシャディア・ドゥルーリィは、シュトラウス学派のワシントン内部への思想的影響を「ヴァイマールの亡霊」と呼ぶ。ただしほとんどの思想史上の諸問題がそうであるように、シュトラウスから影響を受けたと語る人々の思想とシュトラウスの政治哲学との間には本質的な相違が存在し、個々のシュトラウス学派や新保守主義者についての綿密な思想的分析なしに、シュトラウス本人の言説とシュトラウス主義と呼ばれる思想や新保守主義との結合について一般的に語ることは無理であり、不用意な間違いが増幅されている[6]。

しかしここで最低限問わなければならないのは、なぜいま「ヴァイマールの亡霊」が彷徨するかという問題である。アメリカ建国の神話や公共性の概念の衣鉢を継ぐもっと妥当な政治思想家や神学者は、フランクリン、トーマス・ジェファーソン、リンカーン、ウッドロウ・ウィルソン、ラインホールド・ニーバーなど、大勢存在するはずである。またポール・ウォルフォウィッツをはじめシュトラウスの弟子筋の「ネオコン」と名指しされる政府関係者たちも、みずからの政治的見解とシュトラウスの思想とのつながりを否定していると報じられている。にもかかわらず、なぜいまことさらシュトラウスの名前が浮上するのだろうか。その裏には、シュトラウスの政治哲学がアメリカ化された特殊歴史的な背景や、ユダヤ系のニューヨーク知識人やイスラエル寄りのロビーがアメリカ政治に与える影響力の大きさ、さらにはそれにたいする批判やルサンチマンも存在するだろう。

しかしより本質的には、レオ・シュトラウスがユダヤ思想を含む古典古代以来の西欧政治学説史の研究者であったがゆえに、また「ヴァイマールの亡霊」であるがゆえに、アメリカのリベラル・デモクラシーが行き着いた地点を大局的に語る格好の論点を提示してしまうからであろう。次節以下では、シュトラウスの政治哲学がアメリカ化された歴史的過程を簡単にみたうえで、新保守主義と呼ばれる人々とその批判者の間で現在シュトラウスの思想として焦点化されている問題——それは端的にいえば「モダニティの第二の危機」である——を、シュトラウスの言説に立ち返って検討し、いまのアメリカのリベラル・デモクラシーが直面する政治哲学的課題をシュトラウス自身に診断させてみたい。

第二節　シュトラウス政治哲学の三局面と市民的政治空間

シュトラウス政治哲学におけるアメリカの三局面

当初シュトラウスおよび彼の学統に連なる人々は、アメリカの政治学のなかできわめて奇妙な新種と映ったが、ほどなく彼の思想は、アメリカのアカデミズムにおいても政治的実践の場においても、「カルト」と呼ばれるような強烈な影響力を放つようになったと言われる。シュトラウスの思想は、たんなる該博な古典研究にとどまらず、アクチュアルな問題解決を強く意識しているがゆえに、その影響力は政治哲学ばかりか宗教学、文芸批評、思想史、古典学、アメリカ史、憲法学などの広い分野に及んだ。アメリカの政治動向と思想的コンテクストのなかで、シュトラウスの見解がナショナルな変形を遂げて一人歩きしていく過程は、便宜的に三つの局面に大別して考えると分かりやすい。

第一の局面はアメリカ創設の理念をめぐる論争である。たんなる歴史的事実を真理の基準とする歴史相対主義を批判し、ギリシャ・ローマの哲学における真理や善き社会（正義）への問い、あるいは共和主義的徳などの継承性を称揚するシュトラウスの政治哲学は、新天地に創設されたアメリカの政治的理念と伝統は何であったかをめぐる論争に、格好の方法論や題材を提供した。彼の議論は、G・S・ウッドやポーコックなど共和主義的伝統を強調する政治思想の潮流と思わぬ共振関係をつくりだし、創設論争はシュトラウス学派や保守主義者に限らずかなり広範囲に拡大され、ヨーロッパ思想を介したアメリカのアイデンティティの再考という問題と結合した(7)。

第二の局面は、シュトラウスの政治哲学が、モダニティの腐敗をプレモダン的政治価値で救済するという、やや単純化されたモチーフに変容されて、一九六〇年代以降の保守主義の政治哲学的基礎づけとして利用された局面である。当時アメリカの大衆消費社会化や多文化主義が急速に進展し、それにともない公民権運動やフェミニズム・同性愛の主張などがしだいに支持を得、アファーマティヴ・アクションなどの法制化や道徳意識の変革が進んだ。そうした変化にともなう社会的矛盾にとまどうアメリカのなかで、シュトラウス学派の代表的人物と目されるハリー・ジャッファやアラン・ブルームが、大衆消費文化や多文化主義の浅薄さを批判し、失われつつある宗教道徳、家族主義、ノブレス・オブリジュ、古い男女の美徳などの復活、妊娠中絶の禁止、教養趣味やヨーロッパ中心主義の擁護などを掲げた論客として登場する。大学における教育は、ヨーロッパの偉大な古典の読解をまずなによりも優先すべきだと主張するブルームの『アメリカン・マインドの終焉』（一九八七年）が、戦後アカデミズムの大衆化が顕著となった日本においても、大きな話題を呼んだことは記憶に新しい。

そして第三の局面は、かつて学問的にシュトラウスから影響を受けたジョセフ・クロプシィ、ウィルムーア・ケンダル、トマス・パングル、ハーヴェイ・マンスフィールドらが冷戦時代のリベラルと七〇年代に合体して、従来の保守思想とは異なる新保守主義（ネオコン）と呼ばれる思潮が登場する段階である。シュトラウス学派とリベラルの政治潮流を結びつけるうえで要になったのは、アーヴィング・クリストルだと言われる。「ネオコンサーヴァティズム」という言葉も、『ディッセント』の編集者であった社会主義者の間で、第二次大戦後影響力をもつようになった保守主義を批判するためによく使われていた言葉を、クリストルが自らの新しい保守的立場を宣言するために逆用したものである(8)。この時期以降、シュトラウス学派のアカデミズムの外への知的影響が強まり、一九八〇年代以降、共和党のイデオロギー的支柱としてレーガン、ブッシュの行政サイドを固める政府要人たちに、大きな影響力を発揮するようになる。シュトラウスから直接講義を受けたネオコンとして、レーガン・ドクトリンの作成にかかわり、ブッシュ政権下で国防副長官を務めるポール・ウォルフォウィッツや、共和党の政策ブレインとして有名な政治評論家ウィリアム・クリストルをはじめ、ワインバーガーのスピーチライターだったセス・クロプシィ、国防評議会顧問だったカーネス・ロード、国際組織担当補佐官だったアレン・ケイス等々、数多くの人々の名前が挙げられ、その名簿はいくらでも長くすることができるようだ(9)。

市民的政治空間によって伝えられたものと歪められたもの

シュトラウス自身は、市民的政治空間において政治哲学を語ることに積極的であるとともに消極的であり、その深慮のありかたが彼の政治哲学そのものの重要な一部をなしていた。それは彼が、「政治思想（political thought）」と「政治哲学（political philosophy）」とを原理的に区別しているからである。前者は、「堅固な信念や活動を促す神話」をはじめ、「幻想、意図、種概念、その他精神が思考しうる諸々すべての」政治的諸観念を扱い、後者は、そうした諸々の「意見（opinion）」を、善悪や正義・不正義といった基準をともなう政治的なものの本質への問いと、政治的諸基礎にかんする真の知識へ置き換えようとする、首尾一貫した意識的な努力である。政治思想の適切な表現場所は、「法律や法典、詩や物語、そしてなによりも（宗教的・政治的な）パンフレットや演説」のなかだが、「政治哲学を公表する固有の形式は学術論文」である。[10] 政治哲学にとって主要テーマは、人々が「共に生きる社会」を特質づける形式という意味での「体制（regime）」であり、政治思想の対象は、聖書に典型的にみられるように、体制から生じる「法」である。[11]

しかしこの二領域は相互に閉じていないがゆえに、政治哲学者は啓蒙された市民や政治家と同じパースペクティヴで観ながら、市民や政治家の近視眼的見方では見えないものを見出し、なおかつ二次的・派生的な意味をもつ法的・制度的側面へも関心をはらう。しかも公共的広場（アゴラ）で普段流通している言葉で、市民が抱く好感や可能性や常識にそった「公教的（exoteric）教え」を、ソクラテスのように広場に出ていって語らなければならず、[12] 立法者の教師でなければならない。[13] しかし支配者の命令が根拠なきことを暴き、体制の基盤をなす「意見」を揺るがす哲学者の言葉と、社会の諸原則を誠実に受け入れるべき市民的態度によって成り立っている都市国家とのあいだの緊張と抗争は不可避である。哲学者が政治的実践を軽薄に行うことは、哲学者自身にとっても社会にとっても危険な結果を招く[14]。それゆえ政治哲学には深い慎重さや思慮が求められ、プラトン的な「高貴な嘘」や「著述の技法」が再考されなければならない。また政治哲学者が示した「公教的教え」のうちに真理としての「秘教的（esoteric）教え」を見出すことは、「非常に注意深くかつよく訓練された読み手が、長期間精神を集中させ研究した結果としてはじめて可能になり」、少数者にしか明らかにはならない[15]。

このような、政治哲学と市民的政治空間（都市国家）、哲学者としての立場と市民としての立場、あるいは哲学者と立法者や政治家との関係といったものは、きわめて重要で難しい問題を孕んでいるが、ここでは検討することができない。さしあたりここで確認したいのは、シュトラウスの主張が、優れた少数の政治指導者による欺瞞的な政治戦略に愚かで非合理的な大衆が従う、エリート主義とポピュリズムの結合として曲解され、ネオコンおよびその批判者によって喧伝されていることである。しかしシュトラウス自身は、こうした図式と結びついた政治学はリベラル・デモクラシーの危機を隠蔽し、リベラル・デモクラシーという価値を最終的に擁護しえないと明確に批判しており[16]、その意味で、このような図式とシュトラウスの見解とは相容れない。たとえアーヴィング・クリストル自身がシュトラウスの影響を受けたと語っているとしても、「二つの世界大戦やナチの成立やホロコーストはユダヤ人の陰謀である」と主張する、反ユダヤ主義にして人種差別的なキリスト教右派の原理主義集団「キリスト教徒連合」とも「プラグマティック」な連帯をはかる、ユダヤ知識人クリストルの言動とシュトラウスの見解とが近いとみなすのは、かなりの無理がある。[17]

第三節　アメリカニズムとモダニティの三つの波

アメリカニズムと「モダニティの第一の波」

しかしここで注意したいのは、ネオコンやその批判者がシュトラウスの思想として曲解しつつ論争にする焦点が、はからずもアメリカのリベラル・デモクラシーが直面する課題を無意識的に映し出していることである。彼らの論点は、アメリカのモダニティの行き過ぎとリベラリズムの危機、それにたいするニーチェ的なニヒリズムや無節操でプラグマティックな対処の是非という論点に収斂していく。これはシュトラウスがかつて「モダニティの第三の波」として検討した問題であり、以下、モダニティの第一、第二、第三のそれぞれの波にかんするシュトラウスの見解を、必要な限りで簡単に見ておきたい。

シュトラウスの把握するところによれば、アメリカの建国は、マキアヴェッリ（Niccolò Machiavelli, 1469–1527）、ホッブズ（Thomas Hobbes, 1588–1679）、ロック（John Locke, 1632–1704）などの思想の登場にみられる「モダニティの第一の波」の下にあった。しかし彼の分析によれば、そのモダニティそのものにいくつかの矛盾する要素が含まれているため、それに基礎づけられたリベラル・デモクラシー自体、価値的な優位性と危険性という矛盾する位相を含むことになる。

まずシュトラウスによれば、『ザ・フェデラリスト』のなかにも影響を見出すことのできるマキアヴェッリは、近代的自然法を喪失した「啓蒙」の先がけとも言うべき、最初の近代政治哲学者である[18]。マキアヴェッリは宗教や道徳性（morality）を否定し、古典的伝統にたいする現実主義的革命を遂行したが、それを補う形で「市民的徳（civic virtue）、愛国心（patriotism）、利己性を集合化したものへの献身」といった道義心（moral virtue）や観照的生活を政治的地平に導入した。つまり、人々の社会生活が徳へと習慣づけられるような「法律や慣習」「正しい制度」をもつ政体が、英雄の栄光（glory）への欲望を介して樹立される方策を模索した[19]。しかし、徳を原理とするローマ共和国が兄弟殺しを犯した人物によって設立されたように、道徳性は非道徳性によって、合法性は非合法的な革命によって、正義は不正義によって産み出されざるをえない。マキアヴェッリの思想のうちには、善き目的が手段を正当化するという考え方ばかりか、「あらゆる武装せる預言者は成功を収め、武力なき預言者は没落する[20]」という危険なテーゼが秘められていた。

しかしシュトラウスによれば、アメリカは「マキアヴェッリ的諸原理に明白に相反して」創設された、兄弟殺しの罪を免れた世界で唯一の国である、と言われる可能性をもつ国である。トマス・ペインは、旧世界のすべての政府は征服と専制に起源をもつが、アメリカの独立は自由と正義のなかで達せられたと述べ、その創設の基礎をなす道徳理論を、「普遍的な平和の体制と毀損することなく継承される人間の権利」という自然権思想に求めた[21]。創設の暴力を免れた唯一の国という見方は、事実としては肯首しがたいが、少なくともアメリカ建国の主要な理念のひとつだったと言えないことはない。シュトラウスは、当時のアメリカがこうした建国の理念に従い、自由の砦の役割をはたしていることを認めながらも、その大志を見失わないためには、アメリカニズムがそれとは反対のマキアヴェリズムと不可分である点に注意を喚起している。

次にアメリカのリベラリズムが継承することになるホッブズは、正義を意味する自然権や自然法という古典的な政治哲学の伝統を復活させたが、その内容を孤立した個人の自己保存の欲動へと変換し、正しき最善の政体への志向を、たんなる個人の自然権の保護と恐怖という「最高悪」の回避に解消した[22]。それによって、手段を選ばない極悪非道さによって正義とみなされる社会を創設するという、マキアヴェッリの危険性は修正された。近代的リベラリズムの源泉とも言うべきホッブズの思想においては、人間の卓越性は「実質的な快適さやプラクティカルな文字どおりの快楽主義」へ、英雄の栄光は各人の「ビジネスライク」で「道徳的には中立な力（power）」と「競争」へと置き換えられたからである[23]。

これにたいしてロックはもっと用心深かった。リチャード・フッカー（Richard Hooker, 1554-1600）をカモフラージュに使い、あたかもオーソドックスな自然法論と聖書的伝統に則しているかのごとく偽装しながら、結局はホッブズと同様、自己保存の権利を平和的かつ安全に確保するための各人の理性へと、自然法を解消した。ロックがホッブズと異なるのは、彼が自然権と幸福を追求する権利つまり所有権とを強固に結合させ、政治的自由を個人が富を獲得する自由へ、個人の貪欲さを徳へ、政府の目的である人民の公共善を富の安全と確保へと変換し、政治的なマキアヴェリズムを経済主義に完全に変えた点である[24]。最後にこうしたモダニティの第一の波は、ローマ共和国の共和主義的徳と英国的な商業の徳との抗争を後者の優越性によって収拾した、モンテスキュー（Charles-Lois de Montesquieu, 1689-1755）によって終焉する。(25)

こうしたシュトラウスのモダニティの分析から、アメリカのリベラル・デモクラシーは、プレモダン的なギリシャ・ローマ以来の伝統的政治的価値——正義や徳——や聖書的な道徳や啓示を回顧することによって、モダニティの腐敗から逃れることができるという、回帰主義的な教訓を引き出すのは容易なことだろう。(26) またアメリカ建国の理念は、商業社会と結合したリベラル・デモクラシーにあったのか、共和主義的なシヴィック・ヒューマニズムにあったのか、その体制はリベラル・デモクラシーだったのかアリストクラシーに近かったのかといった創設論争も必然的に導出しうる。

しかしここで注目したいのはそうした論争自体ではなく、シュトラウスが、アメリカ創設の基礎をなすモダニティの第一波のうちに、相互に連関・補完・矛盾・掣肘し合う多元的要素を見出していたことである。モダニティが複合的であるからこそ、善き社会への問いかけのなかで、モダニティに内包された危機や堕落の要素は相互に進展を阻止しあい、リベラル・デモクラシーの価値的優越性は保たれうる。しかし現在のアメリカのように、「正義」の体制を樹立するために手段を選ばない「共和主義的」マキアヴェリズムが、自由や人権という自然権的な道徳理論を武装化させ、それを実際的な快楽や経済的利益のみを優先する極端なリバタリアニズムが後押しするとしたら、それはシュトラウスが分析した第一波のモダニティの、なんと奇怪な悪しき総合だろうか。アメリカニズムはマキアヴェリズムと不可分であることを忘れるな、というシュトラウスの警告は忘れられ、彼がアメリカ創設に見出した善き体制を志向するモダニティとはまったく反対の形態が産み出されたことになる。

ヴァイマール共和国と「モダニティの第二の危機」

シュトラウスは次の「モダニティの第二の波」を、ルソー（Jean-Jacques Rousseau, 1712-1778）からドイツ観念論哲学、そして各国のロマン主義が成立する時期に見出している。この波は、先にみた「モダニティの第一の波」が孕んでいた腐敗の要素を診断・克服しようと努力しながら、結局「モダニティの第一の波」を強化する結果を生んだ点で、「モダニティの第一の危機」の顕在化とも言える。ルソーが、人間による自然の支配というモダンのプロジェクトに反対し、ブルジョワの世界から古典古代的なシトワイアンの世界に回帰し、ドイツにおいてフランス革命への反動としてのロマン主義を準備することになるにもかかわらず、結局フランス革命を準備する思想家となった(27)ことを考えると、シュトラウスによる区分は分かりやすい。

ここで問題にしたいのは、次に訪れる「モダニティの第三の波」である。それは第一・第二の波による世俗化や科学主義、および価値相対主義が完全に行き渡って啓蒙が過剰となった後に、ニーチェ（Friedrich Willhelm Nitzsche, 1844-1900）において典型的に始まる「モダニティの第二の危機」でもある(28)。そもそもリベラルな社会においては、すべての意見・選好・宗教はどれも等しく尊重されるべき価値であり、そこには権威ある真実は欠如している。ただしロックのようなリベラリズムの初期段階では、近代的自然法のような政治的価値が前提されていたし、J・S・ミル（Jhon Stuart Mill, 1806-1873）にいたっても、『自由論』で論じられるように、言論の自由と自由主義的な意見の競争は真理に至るための手段であり、その意味でリベラリズムは結果として至り着く理性的な真実の存在を前提としていた。ところがリベラリズム自体が擁護すべき価値を失い、ニヒリズムと非道徳と「モダニティへの失望」とを産み出したことを予感したのはニーチェであり、さらにヴェーバー（Max Weber, 1864–1920）がそれを価値相対主義と神々の闘いというシェーマによって明確化する。シュトラウスによれば、リベラリズムのこの価値喪失状態は、リベラル・デモクラシーと大国の帝国主義とが実は密接不可分であることを露骨に示したヴェルサイユ体制と、そこに大きな失望を経験したヴァイマール共和国においてこそ、とくに痛切に感じられた(29)。

この「モダニティの第二の危機」にかかわる問題は多岐にわたるが、ここではとくに現在の問題状況から考えて、シュトラウスが宗教とリベラル・デモクラシーの関係を論じた『スピノザの宗教批判』の英語版序文（一九六二年）の議論を参照しよう。そこにおいてシュトラウスは、自分が一九二五年から八年のドイツにおいて、スピノザ（Baruch de Spinoza, 1632–1677）研究を介した神学・政治的な問題に立ち向かった理由が、ユダヤ人としての苦境にあったという自伝的告白を皮切りに、信じがたい「最終解決」に至ったユダヤ人問題の所在を、リベラリズム、政治的シオニズム、文化的シオニズム、フランツ・ローゼンツヴァイク（Franz Rosenzweig, 1886–1929）の新思考やヘルマン・コーヘン（Hermann Cohen, 1842–1918）によるスピノザ批判の不十分性、そしてスピノザが示した理性とリベラル・デモクラシーによる宗教問題の解決策の分析へと、ユダヤ思想の帰趨を逆向きにたどりながら分析する。しかしそうした表向きの文脈の裏側で展開されるもうひとつの主題は、全体主義の成立とユダヤ人の殲滅計画を許したヴァイマール共和国のリベラル・デモクラシーの脆弱さである。

もちろんここで言われる「脆弱性」や「剣なき正義」とは、現在ネオコンの思想として喧伝されている「武力なきリベラル・デモクラシーの脆弱さ」という意味ではなく、当時のドイツが、さらに言えばリベラル・デモクラシーそのものが原理的に抱え込んでいる道徳的脆弱性のことであり、モダニティの第二の危機が露骨に発現したことを意味する。ユダヤ人差別や虐殺は紀元前から無数に繰り返されてきた問題だが、「ヴァイマールの悲劇」は、ユダヤ人やマイノリティに属するとみなされる人々ばかりか、リベラル・デモクラシーという体制を共有するすべての人々を戦慄せしめる、モダニティの問題なのである。

第四節　政教分離とリベラル・デモクラシーによる「最終解決」が示したもの

ヴァイマール共和国の場合

ドイツにおけるユダヤ人の解放は、フランス革命の余波を受けて始まり、ヴァイマール共和国における政教分離とリベラル・デモクラシーにより、問題は原理的には解決をみたと思われていた。ユダヤ教はキリスト教や無神論と同様、私的領域において各人がその個人的自由によって選択し信奉する思想・信条のひとつとなり、ユダヤ人には完全な市民権が授与され、彼らはドイツ人となったからである。すでにモーゼス・メンデルスゾーン（Moses Mendelssohn, 1729–1786）以来、同化ユダヤ人たちの優れた思想的営為が、伝統的ユダヤ教とリベラルな政治・社会秩序との文化的調停を徐々に可能にしてきた前史があり、その結果ユダヤ教からキリスト教に改宗した人びとはもちろんのこと、ユダヤ教にとどまった人びとも、自分たちが「ドイツ人」であることを、ヒットラーの政権掌握以前には疑ったことはなかった。しかし法的平等と政治的解放とは、必ずしも社会的差別と排除の解消をもたらしはしなかった。それればかりか、結局非ユダヤ系の多数派の力が、「アーリア的」＝「非ユダヤ的」という無内容な原則によってドイツに「帰属する者と帰属しない者」を決め、ユダヤ人は「絶滅収容所」へ向かうことになる。(30)

こうして法的に平等な市民権をユダヤ人に付与しえたリベラルで民主的な政治体制をもってはじめて、ユダヤ人を含むドイツ人全体の意志の代表者によって、ユダヤ人の市民権や国籍を剝奪する法が発布され、たとえ経済的利益や軍事的戦略と見合わなくとも、全ユダヤ人の殲滅が粛々と実行可能となった。この歴史からシュトラウスが分析するリベラル・デモクラシーの原理的諸問題は、おおよそ次の二点に整理できるだろう。

その第一は、公私ならびに国家と社会の区別を前提としたリベラリズムは、私的領域を法的に保護するがゆえに、そこにおける社会的差別や排除を法的に禁止・防止することが不可能である、というパラドックスである。リベラルな社会は、政治哲学の根本である正義や「善き社会」への追求を支ええない。ただシュトラウスは、「リベラルな国家を破壊したところでいかなる意味でもユダヤ人問題が解決されないのは、今日のソ連における反ユダヤ政策をみれば明らか」であり、「リベラルな国家によるぎこち

ない「ユダヤ人問題の解決」も共産主義による「解決」にはまさる」とつけ加えることは忘れない。(31)

第二に、リベラル・デモクラシーにおける人々の社会的紐帯を支える普遍性や人間的な道徳性として、啓蒙主義的哲学は自然科学や近代的理性を提示してきたが、そうした概念が前提とする世俗化の原理は、たとえば私的領域でユダヤ教を選択した個人が抱く神の恩寵や啓示の絶対性という観念と、倫理的・論理的に突きつめると矛盾を引き起こす、という問題である。これは別の側面からみれば、純粋に普遍的でリベラルな人間社会の一員になるというコスモポリタン的な解決策が可能か否か、という問題でもある。実際そうした選択をなしたユダヤ人が、そんな社会などどこにもないと気づいたときに陥る深刻な思想的・身体的破綻の事例は、歴史上に満ちている。どのような種類のものであれ、特定の社会的共同体への帰属なしにリベラルな政治社会は成立可能なのか、またそうした社会がなんらかの道徳性を保持しえるのかという問題は、リベラル・コミュニタリアン論争を待つまでもなく、じっさいユダヤ人たちが身を挺して挑んだ問題だった。

シュトラウスによれば、人への神の啓示とは、遠い過去から続く伝統によって知られるものであり、「心をつくし精神をつくし力をつくして神を愛せ、という召命を経験し、それに従うことによってのみ、他者を兄弟同様にみなし自己自身同様に愛せる」という神の一義的命令の経験とそこへの服従は、「外部からもたらされるもの、人間本性に逆らうもの」であり、「たんに信じるしかない」「絶対的経験」である。つまり啓示は、人間自身が欲したり意志したり、非理性的に知覚したり理性的に理解したり、自己経験したりすることによって得られる事柄とは異なる。それゆえ、人間理性による知的探求というギリシャ以来の伝統的哲学や、「つねに討論可能で、かつ例外を許容する一般的な法や理念」とは対照的なものである[32]。ここからシュトラウスは、「科学」や「理性」やそれによる世俗化とは必ずしも普遍的な価値体系ではなく、啓示宗教とは異なる別の心情的確信である「形而上学」という価値体系を基礎に成立しており、その点で宗教や啓示は、科学や哲学的理性によって内在的に止揚されうるものではないという認識に至る[33]。

「ジャーマン・コネクション」の「非アメリカ性」?!

さて以上のようなシュトラウスの見解は、現在ネオコンと呼ばれる人々の政治的主張に思想的に連なると曲解されている。その典型的な事例をみるために、政治哲学者としてはかなり単純化した図式で、シュトラウスおよびシュトラウス主義を指弾するドゥルーリィの議論を再度参照しよう。彼女によれば、シュトラウスは、どの宗教であるべきかには拘らないものの、その多元主義的な共存を許さず、社会のコンフォーミティと同質性を重視し、宗教的ないしは形而上学的価値を一貫させるための、暴力をも辞さない闘争を行うべきだと鼓舞している[34]。こうしたシュトラウスの志向は、シュミット（Carl Schmitt, 1888–1985）の「政治的なものの概念」を神学化したもので、ニーチェやハイデガー（Martin Heidegger, 1889–1976）をも含めた「ジャーマン・コネクション」の彼らは、リベラリズムの軽視という点で一致する[35]。シュミットは、人間相互の敵対性はリベラリズムによって解決されうるという確信を揺るがし、リベラリズムとデモクラシーを分離させ、闘争することを使命としたエリートの行動を非合理的な大衆が

「デモクラシー」の大義のもとに支えるというポピュリズムを正当化した。それはシュトラウスが、アメリカ創設にかんして聖書的伝統や共和主義、あるいは徳あるエリートによる貴族政を強調したこと、またヨーロッパの貴族社会や君主制に反対するロック的なリベラリズムや政教分離、あるいは大衆民主主義による多数者の専制をリベラリズムの徹底によって防止しようとしたJ・S・ミル的なリベラル・デモクラシーの思想的系譜を軽視したことに起因する、とドゥルーリィは批判する。(36)

彼女によれば、そもそもシュトラウスの根本的間違いは、モダニティやリベラル・デモクラシーが充分根づかなかったヴァイマール時代がヒットラーやホロコーストの悪夢に終わったというトラウマを根拠に、リベラル・デモクラシーの危機や不安や宗教の重要性を語り、しかもそこから、リベラル・デモクラシーと政教分離の伝統の強いアメリカの健全なモダニティを批判することにある。その結果ニーチェ、ハイデガー、シュミットなどヒットラーの出現を許容したヴァイマールの負の思想がアメリカに流入・転移し、ブルームやパングルやクリストルらが、シュトラウスを介してそれを反復していると言う。(37) こうした彼女の物言いが、ヴェーバーやニーチェなどの悪しき価値相対主義はドイツからやってきたという、批判の当の相手であるブルームの主張と軌を一にしている点は興味深い。

亡命ユダヤ人によるモダニティにたいする活発で「非アメリカ的」な批判は、危険で「反革命的」であり、これにたいしてアメリカの独立革命の理念とリベラル・デモクラシーは健全であると叫ぶ彼女の議論は、彼女が妊娠中絶やアファーマティヴ・アクションの問題で、リベラルな良心的フェミニストの立場に立つ論客だけに、アメリカの「外」にある者にはかえって不気味な印象を与える。むしろこうした議論の様相は、ヴァイマール共和国のリベラル・デモクラシーが抱え込んでいたモダニティの第二の危機を、現在のアメリカも意識的・無意識的に共有している証左ではないか、と思わせる。「ヴァイマールの亡霊」が活発に徘徊しうるのは、ヴァイマール期に露呈した大衆民主主義の危機の諸相——リベラリズムとデモクラシーとの非整合性の増大、民主主義の寡頭政への帰着、マスメディアを利用した民衆扇動家や利益団体による密室政治、リベラル・デモクラシーとナショナリズム、ミリタリズム、インペリアリズムの癒着や、それにともなう道徳性の崩壊等々——と類似した状況が存在するからだ、と考えるほうが自然ではないだろうか。しかも「グローバルなリベラル・デモクラシー」の普遍性の主張とその貫徹にともなって発せられる暴力、それと相呼応して応酬されるイスラーム原理主義の暴力という構図は、ヴァイマール共和国が宗教問題（ユダヤ人問題）で示した「モダニティの危機と憂鬱」が、形をかえてグローバルなレベルで再現されているかのようにみえるのである。

それゆえ「ヴァイマールの亡霊」たちを悪用したり、あるいは非アメリカ的で不健全だと批判する前に、彼らが危惧した問題と処方箋を熟慮してみることが賢明で寛容な態度であろう。

第五節　「ヴァイマールの亡霊」が提示する処方箋

リベラル・デモクラシーをめぐるスピノザとシュトラウスの歩み寄り

まずシュトラウスによれば、根本原理や価値体系の間の対立をはっきりさせることは争いを起こす道ではなく、人間理性による解決へと至る道であり、価値にかんして人々が対立している場面においてこそ、実はそこに人々の意見の一致が見出される。むしろヴェーバーの価値自由や実証主義の主張のように価値判断を否定することこそ、すべての価値の解決不可能な闘いというテーゼと不可分であり、たとえば正当性における「合理性」「伝統」「カリスマ性」の区別といった一見没価値的な記述的概念が、実は一定の価値判断によって成立した分類であることを自覚すべきなのである[38]。シュトラウスは、「人々はあることがらに不一致（disagree）である場合には、ある重要な事柄にかんして一致するはず」であり、それは「たんなる形式的な一致よりももっと深い（deeper）」、という興味深いフレーズを残している[39]。ちなみにシュトラウスは、コジェーヴが、人間は承認を求める欲求によってのみ導かれ、またあらゆる体制には力や暴力が不可欠であると考えている点を厳しく批判し、政治的生活に共通する「人間存在への愛着（attachment）」や「愛への欲求」の先行性を論じている[40]。

それゆえシュトラウスの議論に沿えば、世俗化したリベラル・デモクラシーや政教分離の考え方と、ユダヤ教、キリスト教、イスラームなどそれぞれ異なる啓示のあり方を信じる人々の価値体系とが、原理上相容れないと相互にはっきり認め合うことは、相互承認をめぐる闘争（言論によるにせよフィジカルな力によるにせよ）によって決着をつけることを意味しない。それどころか、それを避けうる第一歩である。では次にどういうプロジェクトが要請されるのだろうか。シュトラウスはその典型として、アテネとエルサレムの狭間で、あるいはキリスト教とユダヤ教の狭間で、モダニティの第一波のなかでスピノザが示したプロジェクトに注目する。

シュトラウスは、スピノザの『神学政治論』の議論を次のように追いかけていく。まずスピノザは、ギリシャ哲学以来の無神論的で宇宙論的な理性と、各種の宗教的啓示にたいする信仰とは根本的に相容れない原理体系に依拠していることを明確にし、一方の原理によって他方の原理を解釈したり干渉したりすることは、不可能でありかつすべきではないと主張した。同時にスピノザは、哲学する自由を原理とする理性の側にとって、リベラル・デモクラシーという社会体制は不可欠であり、他方ユダヤ教国家あるいはキリスト教国家は、リベラルな社会や哲学する自由とは無縁であることを示した。さらにスピノザは、ユダヤ教とキリスト教の各々を聖書的信仰の中核をなす七つの教義に還元し、それによってユダヤ教固有のもの、あるいはキリスト教固有のものを含まない「公同的ないしは普遍的信仰（catholic or universal faith）」を提起した。つまりスピノザのプロジェクトは、ユダヤ教に対し、「［民族に］固有な政治的法として機能するかぎりのモーセの法、とくに祭儀法の廃棄」を迫り、世俗化されたリベラル・デモクラシーの社会と共存可能な同化のプログラムを示した。その意味では、スピノザは明らかに理性とリベラル・デモクラシーの側に立っている、とシュトラウスは考えている。(41)

たしかにスピノザは、普遍的信仰から帰結する「道徳的確実性（certitudo moralis）」は、理性と啓示あるいは各宗教の相違という非共約的な原理と価値を持つ人々が、同じ体制のなかで共存するうえでの道徳性の基準を示し、実際歴史のなかで伝統として徐々に形成されてきたとみなしている。ここで興味深いのは、結局シュトラウスが、理性というスピノザの立場ではなく、中世ユダヤ人哲学者マイモニデスの啓示と律法（トーラー）の立場を選択することである。(42) シュトラウスは、先にふれたように、啓示にたいする哲学の批判は外在的であり、啓示は信じられない、という積極的理由を哲学は提示しえないとみている。

つまりシュトラウスはスピノザと対話しながら、理性が啓示に従うべきか啓示が理性に従うべきかという議論に決着をつけたわけでも、リベラル・デモクラシーと政教分離の絶対的価値を認めたわけでもない。まず双方の間で相互の非共約性を確認したうえで、スピノザは哲学するための自由を得るために、かつ啓示の立場の人々と共存するために、その条件としてリベラル・デモクラシーの政治体制を望み、無神論的哲学者であるにもかかわらず普遍的信仰の存在と有効性を寛容した。他方啓示を信じる伝統的なユダヤ教徒であるシュトラウスは、理性の立場や他の宗教との共存可能性を開くという点で、リベラル・デモクラシーという社会体制の優越性を認め、そこにおいて受け入れ可能な最低限の普遍的信仰も同時に寛容したのである。こうした全く異なる立場と根拠からのリベラル・デモクラシーへの歩み寄りというプロジェクトが、双方によって上手く進められることによって、はじめてリベラル・デモクラシーは一致した道徳的機能を発揮できることになる。

アメリカニズムの現段階

シュトラウス自身は、アメリカについて多くを論じているわけではないが、アメリカにたいして抱いたイメージは二面的なものである。一方では、亡命者を受け入れた寛大なアメリカに敬意と感謝の念を払い、多民族や多文化をリベラル・デモクラシーに組み入れることのできるその道徳性や市民的活力を高く評価している。シュトラウスは、スターリン主義を全体主義として分析したアーレント（Hannah Arendt, 1906-1975）同様、ソ連邦はナチのようにモダニティが退廃の極へ進化した段階にあるとみなし[43]、アメリカのリベラル・デモクラシーが、冷戦構造やマッカーシズムのなかで、大衆消費文化とコンフォーミズムに陥る危険性を非常に危惧していた[44]。しかし他方ではまた、アメリカのリベラル・デモクラシーの優越性を認めていた。こうした思想的スタンスは、アーレントやアドルノといったヴァイマールの亡命ユダヤ知識人にある程度共通したもので、彼らは、リベラル・デモクラシーやモダニティが矛盾と逆説を、優越性と危機と堕落とを孕んでいることにきわめて敏感だった[45]。

シュトラウスは、ニーチェ的ニヒリズムをけっして否定的にとらえていない。それによって「真理や誠実さ」や「民主主義」に献身することが不可能になるわけではなく、むしろニヒリズムやリベラル・デモクラシーにたいする懐疑が存在したほうが、「コンフォーミズムと俗物主義が回避される」とみている[46]。しかしシュトラウスによれば、もしリベラル・デモクラシーが懐疑主義を徹底し続け、最終的になんの価値も道徳も擁護しないのであれば、それはヒットラーの体制に行き着く。そこでは神や道徳的秩序や究極的な価値は存在せず、ニヒリズムの世界で勇敢な力への意志あるものが世界を好きなように創造するであろう。とするとニーチェ主義的闘争や反基礎づけ主義がいきわたり、リベラル・デモクラシーと帝国主義的権益が一致するがゆえにその道徳性にたいする不安と危機意識が先鋭化するアメリカで、ナチズムのようなモダニティの価値喪失と野蛮さを回避しようと考えれば考えるほど、アメリカの伝統に根ざしたリベラル・デモクラシーの道徳主義を称揚せざるをえないという、ヴァイマールに似た袋小路は必定であろう。

その結果、少なくとも海外からみている者にとっては、シュトラウスが示した処方箋とは逆に、アメリカではコンフォーミズムと原理主義が同時並行的に進展しているように思われる。「グローバルなリベラル・デモクラシー」と政教分離の絶対的規範性という確信は、新保守主義を奉じる強硬派に特有なものではなく、民主党周辺や左翼的と言われる知識人にも共通にみられる。シュトラウス研究者にとってさえ、シュトラウスが示したリベラル・デモクラシーへの懐疑は、「せいぜい西側の都市におけるゲーム」のようなもので、「イスラーム・テロリストの際限なき非人間性」を目の前にしては「ほとんど無意味」と映る(47)。こうした状況のなかでは、リベラル・デモクラシーや政教分離という規範の絶対性をグローバルに承認させるため言論や力に訴えるというプロジェクトと、そうした規範が啓示とは根本的に異なる倫理や論理の体系に基づくとの自覚の上で、各々非共約的な立場から各々異なる基礎づけによって歩みより、結果としてリベラル・デモクラシーという社会体制を共有するような、「普遍的信仰」をグローバルなレベルで探求する、というプロジェクトとの根本的相違は認識されていない。

アメリカは国内の「普遍的信仰」の形成にさえ難航しているようにみえる。多宗教・多民族が共存する多元的なアメリカ社会においては、かつてはヒューマニスティックな道徳性を代表しうる「普遍的宗教」が、ピルグリム・ファーザーズや独立革命の指導者たちによる建国の思想や理念を継承しつつ、公機関における統合のシンボルとして機能してきた。アメリカの市民社会に根づいてきた聖書的伝統に連なる公共的な「宗教」を、R・N・ベラーは「市民宗教」と呼び、聖書的伝統、共和主義的理想、啓蒙主義的人権思想を現実的に実現しようと志向した、プロテスタント神学の巨匠ラインホールド・ニーバーや公民権運動の指導者キング牧師など、政治に大きな影響を与えた宗教者や神学がかつて存在した。しかし現在のアメリカでは、そのような公共的な神学や宗教者の影は薄らぎ、市民宗教による統合はやや機能不全を起こし、数々の「原理主義」が横行していると言われる。[48]「原理主義」を利用しようとする政治家たちが、シュトラウスの政治哲学を応用した数々のプレモダンおよびポストモダン的なイデオロギーを産出しているのも確かであろう。

しかしこうした状況が、シュトラウスの政治哲学の責任だという風評がたつこと自体が、アメリカの病的なイデオロギー状態を示しているように思われる。それは病気を鋭敏に診断し、かつて自国でこれに類似した病状が極端に悪化した症例を知っているがゆえに、病気の根本的原因を分析したいと学問的に奮闘する外国人医師にたいし、私は健康なのに、お前のようなよそ者が私を病気だと診断したために病気になった、きっとお前が病気をもってきたに違いないと責めるようなものである。ただシュトラウスは、「リベラル・デモクラシーの危機にたいし故意に目をつぶろうとする」その自己偏愛ぶりが、アメリカにおける政治認識を歪めていることを、充分承知していた。彼はアメリカにたいし次のような「エピローグ」を送っている。

「[第一次大戦後に現れた]新しい政治科学は、マキアヴェッリの教えのような優雅さと精巧さをもちあわせていないがゆえに、マキアヴェッリのようではなく、またネロのようでもない。ただ言えるのは、それがローマ炎上のさなか、弾琴長嘯していることである。それは二つの事実によって言い訳される。自分が弾琴長嘯しているということも知らなければ、ローマが燃えていることも知らない、という理由によってである」[49]。しかもたぶんシュトラウスは、「ローマが燃えている」といち早く通報した自分が、リベラル・デモクラシーによってうち負かされた第三帝国からの亡命者であったがゆえに、放火の犯人にされることまで予測していたのではないかとさえ思われる。彼はアゴラに出ていって市民に向かって政治哲学を語りかけ、多くの若者を魅了したが、最終的に断罪されたソクラテスのごとき経歴をたどっているからである。しかしそれは、すでに彼の肉体が死を迎えてから後のことであり、それは彼の政治的実践の賢明さを示している。

注

(1) アラン・ジョクス、逸見龍生訳『〈帝国〉と〈共和国〉』青土社、二〇〇三年、一九一頁。ジョクスは、金融・軍事・電子コミュニケーションの三位一体の領域で、グローバリズムという無秩序の帝国をつくりだすアメリカの戦略的アプローチは、一九九〇年代初頭に始まり、一九九五年の対外同盟政策で明確化されたとみなしている。

(2) ロバート・ケーガン、山岡洋一訳『ネオコンの論理』光文社、二〇〇三年、一二〇頁。これについては、古矢旬『アメリカニズム――「普遍国家」のナショナリズム』東京大学出版会、二〇〇二年、参照。

(3) Habermas, Jürgen, "Was bedeutet der Denkmalsturz?" in *Frankfurter Allgemeine Zeitung*, 2003. 4.17.

（4）こうしたアメリカ的な「民主主義への信仰」と、かつてアメリカが有していた「自らの宗教と文化（すなわちキリスト教とアメリカ文化）を徹底的に相対化する視点」については、安酸敏眞「H・リチャード・ニーバーのアメリカ文化論」聖学院大学総合研究所紀要、二〇〇三年、No.28 参照。

（5）Anastaplo George,"Leo Strauss at the University of Chicago," in Deutsch, Kenneth L. & Murley, John A. eds., *Leo Strauss, the Straussians, and the American Regime*, Lanham/Boulder/New York/Oxford: Rowman & Littlefield Publishers, 1999, p. 3.

（6）近年では、スティーブン・スミス氏もドゥルーリィによる批判に対し、同様のコメントを寄せている。Smith, Steven B. "Drury's Strauss and Mine" in *Political Theory vol.35, No.1*, 2007, Sage Publications を参照。

（7）森政稔「現代アメリカと「政治的なもの」の危機」『現代思想』二〇〇二年一〇月号、二二二−二二五頁における指摘を参照。また新保守主義者と呼ばれる人々のアメリカ創設にかんする見解については、Kesler, Charles R., *Saving The Revolution: The Federalist Papers and the American Founding*, New York/London: The Free Press, 1987, を参照。

（8）Kristol, Irving, "Confessions of a True, Self-Confessed —Perhaps the Only—Neoconservative," (1979) in *Reflections of a Neoconservative*, New York: Basic Books, 1983 を参照。DeMuth, Christopher & Kristol, W., eds., *The Neoconservative Imagination: Essays in Honor of Irving Kristol* (1995) に寄稿しているN・ロッドレッツ、J・Q・ウイルソンをはじめ、D・ベル、S・M・リプセット、S・ハンチントンなどの人々も一般にシンパとみなされているという。Drury, Shadia, B., *Leo Strauss and the American Right*, Hampshire/London: Macmillan Press, 1997, pp.137, 209f.（1）（2）を参照。

（9）*Ibid.*, p.3. Devigne, Robert, *Recasting Conservatism: Oakeshott, Strauss, and the Response to Postmoderni-*

sm, New Haven/London: Yale University Press, 1994, pp.49f., 58f.

(10) Strauss, Leo, *What Is Political Philosophy? And Other Studies,* Chicago/London, The University of Chicago Press, 1988（=1959）, p.12. 以下同書は *WPP.* と略記する。（石崎嘉彦訳『政治哲学とは何か――レオ・シュトラウスの政治哲学論集』昭和堂、一九九二年。なお以下のシュトラウスの著作についても邦訳のあるものは参照させていただいた。訳を変更した箇所もある。）

(11) *WPP.,* p.34.

(12) *WPP.,* pp.27f., 63, 133.

(13) *WPP.,* p.84.

(14) *WPP.,* pp.125, 221f.

(15) *WPP.,* p.222. なおシュトラウスによれば、「政治学（political science）」のなかでも、政治的に適切なデータの注意深くかつ妥当な判断にもとづく収集と分析からなるものは、政治哲学的な考察に先だって政治的な事柄を知るうえで有益であるが、「科学的（scientific）」政治学として真の知識に向かう唯一の方法であるという哲学的主張を掲げる限りで「非哲学的」となる。また「政治理論（political theory）」は、「広範な政策を提言する方向へ向かっている政治状況を包括的に反省」したものであり、問題にされてしかるべき諸原理をドグマティカリィに仮定し、最終的に「世論あるいはそのおおかたの部分に受け入れられる諸原理」に訴える点で、政治思想に近いものとみなされている（*WPP.,* pp.13f.）。

(16) Strauss, Leo, *Liberalism Ancient and Modern,* With a New Forword by Allan Bloom, Ithaca/London: Cornell University Press, 1989（1st ed.1968）, p.223. 以下同書は *LAM.* と略記する。

(17) Drury, *op. cit.,* pp.20f.

(18) *WPP.*, pp.40, 46.

(19) *WPP.*, pp.41-43.

(20) *WPP.*, p.102.

(21) Strauss, Leo, *Thoughts on Machiavelli*, Chicago/London: The University of Chicago Press, 1984 (=1958), p.13.

(22) Strauss, Leo, *Natural Right and History*, Chicago/London: The University of Chicago Press, 1953 (=1950), pp.169, 171, 173, 176f. 以下同書は *NRH.* と略記する。(塚崎智・石崎嘉彦訳『自然権と歴史』昭和堂、一九八八年)

(23) *WPP.*, pp.48f.

(24) *NRH.*, pp.244-247.

(25) *WPP.*, pp.49f.

(26) McAllister, Ted V., *Revolt Against Modernity: Leo Strauss, Eric Voegelin, and the Search for a Postliberal Order*, University Press of Kansas, 1995, pp.154, 161f. を参照。

(27) *WPP.*, p.50.

(28) Pippin, Robert B.,"The Modern World of Leo Strauss", in Kielmansegg, P. G., Mewes, H., Claser-Schmidt, E. eds., *Hannah Arendt and Leo Strauss: German Émigrés and American Political Thought after World War II*, New York: Cambridge University Press, 1995, pp.140f. ピピンは、シュトラウスによるモダニティにたいする複雑で重層的な批判は、モダニティの「二つの危機」にたいする道徳的擁護として理解されうるとしている。また彼は、シュトラウスを「極端なマキアヴェッリ主義者・ニーチェ主義者」で結果論者とみなす、ドゥルーリィのような解釈はばかばかしい誇張であり、むしろシュトラウスのうちに敬虔な自然法絶対主義とニーチェ主義的アプローチの矛盾をみる、トマス・パングルやハリー・ジャッファのようなシュトラウス学派の見方のほうがまだ妥当とみている。管見によれば、シュトラウスは価値的な絶対主義とニーチェ主義は矛盾しないと考えていた（そこには特殊なニーチェ解釈が必要とされるが）と思われる。

(29) Strauss, Leo, *Spinoza's Critique of Religion,* New York: Schocken Books, 1965, p.2. 以下同書は *SCR.* と略記する。（高木久夫訳「『スピノザの宗教批判』英語版への序文」スピノザ協会編『スピノザーナ』第一号、学樹書院、一九九九年）

(30) *SCR.,* p.4.

(31) *SCR.,* pp.6f.

(32) *SCR.,* pp.8f.

(33) *SCP.,* pp.37f.

(34) Drury, *op. cit.,* pp.8, 11f., 179.

(35) *Ibid.,* pp.23f., 92f.

(36) *Ibid.,* pp.16, 130f.

(37) *Ibid.,* pp.5f., 9f, 14f.

(38) *WPP.,* pp.21ff.

(39) Strauss, Leo,"Progress or Return?"（1952）, in *Jewish Philosophy and the Crisis of Modernity, Essays and Lectures in Modern Jewish Thought,* ed. with an Introduction by Green, Kenneth Hart, N.Y.: State University of New York Press, 1997, p.105.

(40) *WPP.,* pp.111f, 117f.

(41) *SCR.*, p.20.

(42) *SCR.*, p.13. なおこうしたシュトラウスの正統的ユダヤ教への回帰とリベラル・デモクラシーとの共存問題、ヴァイマールおよびアメリカにおけるユダヤ人問題との理論的関係については、第二章で改めて論じる。

(43) Strauss, Leo, *The City and Man*, Chicago/London: The University of Chicago Press, 1978 (=1965), Introduction.

(44) *LAM.*, pp.260ff.

(45) Pitkin, Hanna Fenichel, *The Attack of the Blob: Hannah Arendt's Concept of the Social*, Chicago/London: The University of Chicago Press, 1998, pp.100–107.

(46) *WPP.*, p.20.

(47) Behnegar, Nasser, *Leo Strauss, Max Weber, and the Scientific Study of Politics*, Chicago/London: The University of Chicago Press, 2003, p.4.

(48) アメリカの市民宗教や原理主義をめぐる動向については、L・ケディ（渡部正孝訳）『アメリカの公共生活と宗教』玉川大学出版会、一九九七年、坪内隆彦『キリスト教原理主義のアメリカ』亜紀書房、一九九七年、森孝一「「宗教国家」アメリカは原理主義を克服できるか?」『現代思想』二〇〇二年一〇月などを参照。

(49) *LAM.*, p.223.

第二章　同化主義とシオニズムのはざま
——レオ・シュトラウスとスピノザの背反と交錯

もしあなたが神を（それも嫉妬深い神を）抱こうとしなければ、あなたはヒットラーかスターリンを敬愛することになるだろう（T. S. Eliot）(1)

第一節　近代的妥協は神をめぐる憎悪を解決したか

「神を信じる者」と「神を信じない者」

「神を信じる者」と「神を信じない者」は、歴史上長い抗争を続け、同時に対話と妥協をくりかえしてきた。ここに、神を信じるカトリック教徒の哲学者ジャン・ギトンと、神を信じない無神論者で小説家・ジャーナリストのジャック・ランズマンとがくりひろげる、神をめぐる現代の対話がある。(2) ギトンは、ランズマンを「神が髭をはやしていることを認めない人」と呼び、ギトン自身は、実は髭をはやした神は嫌いで神を女性の姿で描いていると言う。これにたいしてランズマンは、「自然というもの、生きとし生けるものすべて」を信ずるアニミストで、神は髭も生やしていなければ、顔も性別も形もないと言う。両者は神の形象をめぐって相互に一致しない。

しかし他方でギトンは、ランズマンとの接点としてスピノザをもちだす。ランズマンは不正に抵抗する倫理観の持ち主で、キリスト教やイスラム教のような「神を信じる者」が真理を強制し争乱を起こしてきたことに批判的だ。これにたいしギトンは、あなたのような無神論者は、真理も何も信じない、世界にたいして無関心で無信仰の懐疑派の人とは違って、むしろソクラテスやスピノザのように「同時代の誰よりも神について純粋な観念をもっている人」であるとランズマンに語りかける。現在に至るまでスピノザは、無神論をも含めた神の形象をめぐる対立に平和をもたらすシンボルである。

スピノザは、聖書の神聖性、完全性、道理性などをあらかじめ前提することを排し、あたかも自然が自然そのものから解釈されるように、聖書も他の歴史上の文書同様、聖書そのものから文献学的・歴史的に解釈されなければならないと主張し、近代聖書批判の方法を初めて確立した。その聖書読解は哲学や政治論ばかりか近代神学にも大きな影響を与えた。近代政治思想は一般に、宗派間の宗教内乱と異端審問という非情で甚大な血の犠牲に学び、啓示にもとづく神学よりも理性にもとづく哲学を、教会の権威よりも国家主権をそれぞれ上位におき、宗教上の諸教義よりも諸個人の生命と世俗的な生活を優先させ、寛容によって諸宗派間の和解と平和を導くという原則を掲げた。とくにスピノザは、ユダヤ人でありながらユダヤ教団を脱し、キリスト教に改宗しないまま思索に身を捧げた清貧な聖者であったことから、特定の宗教を必要とはしない解放された世俗的人間でありながらきわめて知的で高貴である、という一種の普遍的な宗教性を体現した人物の典型となった。

スピノザとレオ・シュトラウス

もちろん匿名で出版されたスピノザの『神学政治論』に対する非難と発禁処分、スピノザ自身の身に迫った危険、その後「スピノチスト」とレッテルを貼られる恐怖が百年も二百年も続いたことを思えば、スピノザの提唱した準則が簡単には社会的に認知されなかったことは言うまでもない。この準則がまがりなりにも定着したと一般に評価されるのは、思想的には啓蒙主義の時代であり、政治的にはフランス革命後である。こうした歴史の「進歩」は、啓蒙さえ浸透すれば宗教対立による流血は野蛮な昔話になるという希望を人々に抱かせた。その後科学と文明が未曾有に進展した二〇世紀、何百万人というユダヤ人がごく短期間に流血の痕跡さえ残さない「合理的」方法で完全に抹殺されることなど、啓蒙主義の時代には想像できなかったのである。

しかし、ホロコーストの時代を生きたドイツのユダヤ人思想家レオ・シュトラウスは、ファシズムとホロコーストが導きだされたのは、近代以降人々が「三つの偉大な一神教的宗教［ユダヤ教、イスラム教、キリスト教］の教理間の争いの重要性を過小評価」し（HBS, p.215）[3]、「文化的多元主義（cultural pluralism）」によって「真剣（edge）」を鈍らせてきた（IHE, p.31）[4]点に、重大な過ちの一つがあったからだと考えるに至る。そもそもシュトラウスにとってユダヤ人問題とは、人間は本来罪深く、世界は憎悪と敵対と不正に満ちているという、人力をもっては解決不可能な問題の典型である。ユダヤ人の離散やホロコーストが、人間にとって本質的な、しかも神でなければ解けないような問題を、最も熾烈な形で体現しているという意味で、ユダヤ人は救済の欠如を示す者として神から「選ばれた」ということになる（WW, p.327）[5]。シュトラウスはこの問題を、スピノザまで、そしてスピノザが批判した中世ユダヤ哲学者マイモニデス（Moses Maimonides, 1135-1204）にまで遡って解かなければならない問題だと考えた。

本章の目的は、シュトラウスによる同化主義とシオニズムに対する両面批判を追いながら、彼が両者を越える地平を、どのような方向に見出していたかを探ることにある。

第二節　リベラル・デモクラシーはなぜユダヤ人問題を解決できないのか

ドイツ啓蒙と同化主義としてのスピノザ主義

一八世紀後半からすでにドイツのユダヤ人問題はスピノザ解釈を一つの焦点として展開しはじめていた。そのきっかけはヤコービが、レッシングが実はスピノザ主義者だったという、センセーショナルな告発をユダヤ人であるメンデルスゾーンに行ったことにある。レッシングは、知性による人間の善性の獲得と進歩とを信じ、それによって文化、宗旨、宗教の相違とそれにもとづく人間相互の敵対が消滅することを希求したドイツ啓蒙主義の代表格であり、スピノザとカント（Immanuel Kant, 1724-1804）の哲学の融合をめざした思想家と一般にはみなされている。

ヤコービによる告発は、真摯な気迫とある種のいかがわしさが混じった私的な言説だったが、これによってこれまで非難されるべきであったスピノザ主義は、隠蔽された暗闇からひきずりだされ、公の明るいところで知識人が論じ合う知的対象となった。シェリング、ヘーゲル（G.W.F. Hegel, 1770-1831）、へルダーリン、ゲーテといったドイツ哲学・文学の巨匠たちの多くがスピノザ思想の偉大な功績を認め、その解釈をめぐって論争を起こしたからである。これによって、スピノザ自身の思想とは異なる「ドイツにおけるスピノザ主義《スピノチスムス》」が成立した。しかもこのようにスピノザ主義が思想界で市民権を得ていく過程は、一九世紀以降ドイツにおいてユダヤ人の市民権が拡充されていく過程と平行している。ドイツ思想界で展開されたスピノザ主義をめぐる論争には、さまざまな政治的・社会的意味があるだろうが、その一つがユダヤ人問題であったことは確かだろう。

こうした経緯を経てドイツが暗い時代を歩みはじめた二〇世紀前後、スピノザ主義は、ユダヤ人問題の同化主義的解決と密接に結びついて語られることになった。その状況は、シュトラウスの『スピノザの宗教批判』への英語版序文（以下『序文』と略記する）や他の講演等において、きわめて象徴的に描かれている。『序文』は第二次大戦後の一九六二年に書かれたものだが、『スピノザの宗教批判』自体は一九三〇年に書かれ、『序文』はその当時の問題意識をシュトラウスが回想したものである。すでに一九二一年に書かれていたシュトラウスの学位請求論文が「ヤコービ哲学における認識問題」であったのも興味深い。

スピノザの宗教批判の是非は、当時の切迫したドイツ・ヴァイマール共和国に生きるユダヤ人シュトラウスにとって、また数百万人のユダヤ人にとって命運を賭けた危急の問題だった。シュトラウスは、翌年から一九三三年までロックフェラー奨学金を得て、フランスとイギリスに留学するが、その後ドイツに帰ることはできなかった。(6)『序文』やいくつかの講演などでシュトラウスは、表面的にはスピノザの批判者として語っている。実はシュトラウスとスピノザの関係は後に述べるようにもっと複雑だと思われる。しかしここではまず、シュトラウスによるスピノザ批判、およびそれと密接な関係にある同化主義批判の内容をみておこう。

リベラリズムによる「(複数の)社会」の破壊

シュトラウスによれば、ユダヤ人がドイツ人と同等の市民権を得てドイツに同化することによってユダヤ人問題は解決するという、リベラル・デモクラシーによる解決策を提唱した最初の哲学者はスピノザである(SCR, pp.16f.)[7]。スピノザは、ホッブズが確立した政治と宗教の分離、および国家における世俗的原理の優越性という原則を継承し、国家において各人に政治的に自由・平等な権利を認め、宗教を自由な私的事柄として寛容するというリベラル・デモクラシーの推進によって、キリスト教とユダヤ教といった宗教間の対立は無意味化すると考えたからである。

もちろんスピノザの示した方策がドイツにおいて現実化するのは、啓蒙の時代を経た一九世紀であり、ナポレオンの侵攻後ユダヤ人の解放は急速に進んだ。しかし法的平等の進展にともなって、ユダヤ人問題は解決に向かうどころか反ユダヤ感情は増大し、あからさまな政治的差別に代わって巧妙な社会的差別が浸透した。政治的権利の保証と社会的差別の浸透は表裏一体であり、しかも、社会的差別を一掃して完全な社会的平等を実現するためには、ユダヤ人の完全な消滅が必要であるという奇妙なパラドックスに逢着し、実行に移された(SCR, p.3)。こうした帰結に至ったのはなぜだろうか。

シュトラウスの分析によれば、まずリベラリズムとは国家と社会を分離し、国家という公的領域の縮小化と社会という私的領域の拡大化をめざす考え方である。その結果、公的領域においては法によるリベラルな原理が保証されるが、他方、自由とされる私的領域を規制する原則はなく、リベラルな原理に反する差別が容認・保護される。リベラリズムにとって宗教を公事とすることは自由の抹殺であるが、かといって宗教を私事とするかぎり、ユダヤ教やセミティズムを寛容に容認するのと全くおなじように、反セミティズムをも寛容に容認することになる。結局リベラル・デモクラシーは、反セミティズムに反対する公正・正義といった準拠点をもちえず無力である（SCR, p.6, WW, pp.314f.）。

それゆえさらにシュトラウスによれば、リベラル・デモクラシーはユダヤ人問題に対して無力なだけではなく、その悪化をもたらすことになる。そもそも普遍主義的でリベラルな個人主義と固有性をもつコミュニティとは矛盾し、リベラル・デモクラシーは人間という普遍主義的な原理にもとづきユダヤ人全体を保護するという目的のもとに、ユダヤ人コミュニティの固有性にたいする暴力的な破壊をもたらす。

かつてユダヤ人問題についてマルクス（Karl Marx, 1818-1883）は、アメリカ、フランス両革命後、ユダヤ人の政治的解放は飛躍的に前進したが、それは真の人間解放ではないと批判した。なぜならマルクスによれば、国家とは市民社会におけるブルジョア的支配の道具であり、市民社会とはヘーゲルが述べたように、自己利益を追求するエゴイズムと疎外が支配する圏だからである。つまりユダヤ人の真の解放は、全世界の抑圧された人民の解放と同様、市民社会そのものの廃棄・止揚による、階級対立のない人間相互の普遍的なコミュニティの成立によらなければならないことになる。

シュトラウスは、近代市民社会が疎外の支配する圏域であるというルソーやマルクスの見解には同意するが、普遍主義的な共同体の成立というマルクスの理想には反対する。シュトラウスは、シュミットの『政治的なものの概念』の友・敵理論をある面では受け継ぎ、人間社会やコミュニティとは本質的に排他的、敵対的であると考えた(8)。そして人間は、他者から区別された固有性をもつ一定のグループのメンバーとして深い絆を結び合うのであり、すべての人間を普遍的に包含する「世界社会(world society)」といったものは考えられない。正義の意味を、人間に普遍的な属性として、あるいはだれもがもっている本性として考えることは不可能であり、正義は、人間によらない(extra-human)人間を超越した(supra-human)支えとそれに係わろうとする高貴(noble)な人間によって、初めて保証される(PET, pp.10f.)。つまり先祖伝来の宗教のように、「本物のもの、高貴なもの、偉大なもの」への欲求と理想をもつある「社会(societies)」に固有な形態としてしか存在しない(IHE, p.42)。

これにたいしリベラルな個人主義は、すべての人間に共通なもの、つまり各人の生存・便宜・安全への欲求といったものを基礎に人々を結びつけているが、そうした生物的な属性(animality)によっては人々は深い絆を結び合わない。リベラルな近代のプロジェクトは、一定の歴史的共同体に「投げ出された(thrown)」存在という実存の観念とそれへの献身というプロジェクトから人々を根こそぎにし、疎外された孤独な群衆にするというハイデガーやフロムの見解に、シュトラウスは同意するのである(IHE, p.42, 45)。

政治的・文化的シオニズムと同化主義

ではシュトラウスはシオニズムの側にたつのだろうか。シュトラウスは若いころ政治的にシオニズムをめざすグループに所属したことがあったが、そこのメンバー（その何人かは後にイスラエルの高官となった）が、聖書やユダヤ人の歴史やシオニズム理論の研究ではなく、射撃訓練に熱心だったことに失望した（WW, p.319）。後に彼は、レオン・ピンスカーやテオドール・ヘルツェルらの政治的シオニズムに明確に反対している。

イスラエルにユダヤ人の国家誕生をめざす政治的シオニズムは、ヘルツェルが「われわれが望むか望まないかにかかわらず、敵がわれわれを国家《ネイション》にするのだ」と述べたように、ヴァイマール共和国の反ユダヤ主義に対抗するため、ユダヤ主義にもとづくもう一つの共和国をつくらざるをえなくなったために発生した。しかしシュトラウスによれば、こうした政治的シオニズムはユダヤ教的諸問題、つまり神罰や選民としての神的使命、メシアと救いの待望といった宗教的シオニズムと関わりをもたない。むしろユダヤ教によれば、ユダヤ人の離散を人間の力で解決することは瀆神でさえあり、ましてその場所がイスラエルだという根拠もなく、ウガンダでもいいはずなのだから。つまり、地上に人間の力で他のネイションと同じネイションをつくろうとすることは、非ユダヤ教的運動であり、リベラル・デモクラシーによる同化主義を別の場所に移したにすぎない（SCR, pp.4-6, WW, pp.318-320）(9)。

これについてはシュトラウスが皮肉をこめて、次のスピノザの言葉を引用しているのは興味深い。

「彼ら［ユダヤ人］の精神が、彼らの宗教の基礎によって女性化（effoemino）されないとするならば、いつか機会にめぐまれさえすれば……彼らがふたたび自分たちの国家（imperium）を建てるだろうと、私はぜったいに信じるのだが」（TTP. C.3, p.57, 上一四六頁）[10]と。つまりユダヤ教は、近代国家の設立や統治や戦争には適さない軟弱な「女性的」な精神なのである。

第三節　政治的・文化的シオニズムはなぜ「嫉妬する神」をとりもどせなかったのか

文化的シオニズムの破綻

ここで、政治的シオニズムにともなって現れた文化的シオニズムの思想潮流について簡単に説明しておきたい。シュトラウスが『序文』などで言及しているH・コーヘンやF・ローゼンツヴァイクらは、政治的シオニズムよりも、ユダヤ人国家の魂というべき宗教的シオニズムに注目し、政治的シオニズムへの熱狂には反対した。そしてユダヤ人固有の歴史的経験、民族精神、伝統文化を重視し、なによりも聖書やタルムード、ミドラッシュなどの聖書注解書を研究し普及する思想運動に熱心で、文化的シオニズムといわれる思想潮流をなした。

たとえばコーヘンは、新カント主義の創設者であり、無名のマールブルク大学を新カント主義とともに世界中に知らしめた学者として、当時ドイツのアカデミズムで最高の学問的栄誉を受けたユダヤ人だった。しかしツァーリズムによる東欧ユダヤ人の殲滅《ポグロム》がはじまるとともに、ドイツのアカデミズムにも反ユダヤ主義が押し寄せた。たとえば反ユダヤ主義の先鋒トライチュケの中傷にたいし、コーヘンは激怒し私的な抗議を行ってはいるが、同時にコーヘンはあくまで普遍主義的で世界市民的なカント主義の立場を捨てなかった。コーヘンは『ユダヤ人問題に関する弁明』（一八八〇年）において、ドイツ精神とユダヤ教は完全に統合調和が可能であり、「近代人、自由主義者、ドイツ人、啓蒙人、教養人」でありうるユダヤ人の能力を疑う者は、永遠の進歩と平和にたいする敵であると述べている。

その後コーヘンは一九一三年、ついにマールブルク大学を辞職に追い込まれ、ベルリンの「ユダヤ教科学のためのアカデミー」に着任し、また東欧に熱心に教化活動に赴き、東欧ユダヤ人の困難な状況と彼らが熱中する神秘主義的ハシディズムに共感を示した。しかしそうした事態のなかでも彼は、人類が知性と道義によって迫害や戦争を根絶させ、倫理的・民主的・社会主義的な社会が勝利することを信じ続けた。神は真理と正義の保証人であるから、ユダヤ人も現在の立場から後退せず善意あふれる人々とともに前進することによって、メシアは我々の生存中にも来臨すると、ユダヤ人を勇気づけたのである[11]。

しかしコーヘンの次世代にあたるシュトラウスにとって、コーヘンによるユダヤ人問題のカント主義的解決は、すでに破綻したものと映ったに違いない。反ユダヤ主義が一層激しくなるとともに、「ドイツ人としてのユダヤ人」という謳い文句は、多くのユダヤ人を第一次大戦へとかりだした。ドイツ人にとっても、ドイツ文化を身につけ兵役についた西欧ユダヤ人は、軽蔑すべき東欧ユダヤ人と違って、努力を認めてやってもいい存在だった[12]。皮肉なことに、文明とリベラル・デモクラシーの進展をドイツ人とともに共有するがゆえに、ドイツ人との共存が可能だと考えていた真摯で平和的なユダヤ人が、シューヴィニズムと戦争の手先となっていった。

シュトラウスは、こうした文化的シオニズムを批判するため、コーヘンによるスピノザの読解と批判の矛盾を分析し、それによってコーヘンら文化的シオニストがスピノザと共有している前提を見出し、その点をよりラディカルに批判するという戦術をとる。つまりリベラル・デモクラシーによる同化主義と文化的シオニズムの両方を原理的に批判できる起点として、必然的にスピノザは選択されたのである。

神は嫉妬しない!?

当時一般に、コーヘンら文化的シオニストたちはスピノザを激しく批判していた。彼らにとって、スピノザの『神学政治論』の記述はきわめて癇に触るものだった。それはなぜだろう。ここで必要最低限、スピノザの『神学政治論』の内容にふれておかなければならない。

本章冒頭でふれたような神の形象《フィグール》をめぐる論争について、スピノザはどのような決着を与えるのだろう。たとえば「出エジプト記二〇章五」「同三四章一四」「申命記四章二四」などには「神は嫉妬する」という神の人間的な形象の記述があり、聖書の他の箇所には神に形はないという記述があり、こうした矛盾をどう考えるかという問題が『神学政治論』第一五章で論じられている。スピノザによれば、いままでの旧約聖書の解釈には大きく二つの流れがある。一方は、理性は聖書の下婢であるから、聖書の記述が理性に矛盾するからといって隠喩《メタフォリケー》的に解釈されるべきではなく、聖書そのものと矛盾するときにのみそうするべきだと、聖書の絶対的権威を主張するアルパカールのような「懐疑派（sceptics）」

である。他方は、聖書は理性に従属するべきであって、相互に矛盾するような聖書中の記述は理性に従って隠喩的に解釈されるべきであるというマイモニデスのような「独断派（dogmatics）」である（TTP, C.15, pp.180f., 下一四四 - 一四八頁）。スピノザはこの両派をともに批判する。

両派は理性にもとづくにせよ聖書にもとづくにせよ、聖書中の記述の相互矛盾が適合するよう隠喩的に解釈する点で変わりはない。スピノザはそのような解釈学的な聖書読解には反対で、むしろ聖書を字義どおりに読み、記述の相互矛盾は矛盾として認めるべきであると主張する。[13] それはなによりも聖書が異なる時代に異なる著者によって書かれた寄せ集めであることの証拠となる（TTP, C.15, p.184f., 下一五〇 - 一五三頁）。そもそも「神は嫉妬する」といったたぐいの神の形象にかんする記述は真理を述べたものではない。啓示とはそもそも、預言者たちが神の言葉や像《イマーゴ》を解釈する彼らの表象能力《イマギナチオ》に応じてなされ（TTP, C.2, pp.30ff., 上八九 - 九四頁）、さらにその預言者の程度に見合うような民衆にたいして、しかも民衆の把握能力に応じて預言者が語った内容が、聖書に残された記述である（TTP, C.3, pp.44f., 上一二〇 - 一二三頁, C.11, p.158, 下九五頁）。つまり聖書は「人間的な悪意によって歪曲された可能性がある死んだ文字」「神の言葉の影」にすぎず、それにたいして精神や理性こそ「神の言葉の真の契約書」「神的光」である（TTP, C.15, pp.182f., 下一四八頁）。

スピノザは聖書中のさまざまな矛盾の文献学的考察によって、モーセ五書は時代を異にする何人かの合作であること、モーセは時のヘブライ人を励ますために、彼らの小児的な把握力に応じて語っていることが分かると言う。なぜなら自分たちだけが神に選ばれた民族だとか、神は正しい律法をヘブライ人にのみ与えたといった見方は、たまたま他人より運がよかったことを他人より幸福であると考えている、真の幸福を知らない小児的な嫉妬や邪心だからである（TTP, C.3, p.44, 上一二〇 - 一二一頁）。神の摂理とは自然の諸連結と必然的な普遍的法則そのものであるから、社会や運命などの諸事情によってある国家が時宜にかなった律法をもつことはあり、モーセの律法も、彼の神政国家という特殊な時代においてのみ拘束力をもち社会的機能を果していたにすぎない（TTP, C.3, p.45ff., 上一二三 - 一二七頁）。そもそも神はすべての人に、そしてすべての民族《ナチオ》に恵みをたれ慈悲深いのであり、その点でユダヤ人と異邦人との間になんら相違はない（TTP, C.3, p.50, p.54, 上一三三、一四一頁）。

さらにスピノザによれば、聖書の神聖性は、それが真の道徳を教えているという点にのみあり（TTP, C.7, p.98, 上二三六 - 二三七頁）、イエスはそうした普遍的な道徳を説いた優れた思想家である（TTP, C.11, pp.153ff., 下八六 - 九一頁）。その道徳説は「神をなによりも愛し、隣人を自分自身のごとく愛する」とか「正義を重んじるとか、貧しい者を助け、なに人も殺さず、他人のものを欲しがらない」（TTP, C.12, p.165, 下一一一 - 一一二頁）といった誰もが共通に分かち合うことができ、平和と社会秩序を保つために必要な最低限の教義である。それゆえそれは、「全人類に共通する宗教」「普遍的宗教（religio catholica）」（TTP, C.12, p.162, 下一〇四頁）とも言われる。

このように『神学政治論』を「字義どおり」に読むかぎり、「あなたには、私の他に神があってはならない」「私はあなたの神。私は嫉妬する神である」（出エジプト記二〇章三及び五）と、モーセに語りかけた神とユダヤ民族との相互に嫉妬しあう情熱的な関係は、スピノザによって断ち切られたかのようにみえる。文化的シオニストの一人、M・ブーバーが、神から〈私-あなた〉という対話性をとりあげたのはスピノザだ、と嘆息した原因もここにある。[14]

普遍的宗教によるアイデンティティの崩壊と俗物根性

さてこうしたスピノザの議論は、コーヘンの目には、キリスト教を現実の歴史上の事実ではなく理想化した姿でとらえ、そのキリスト教の立場からユダヤ教を批判した、ユダヤ人にたいする裏切り行為と映った。スピノザは、イエスの教えは普遍的道徳律であるのに、モーセの律法には普遍的道徳性がなく、ユダヤ民族の地上的・政治的至福と必要にのみ資する、民族的に特殊な部族法のようなものだと述べているではないか（SCR. pp.18f.）。しかしさらに進めてコーヘンは、それはスピノザが、反ユダヤ教感情をもつキリスト教徒の偏見を前提にしているようにみせかけ、ユダヤ教をスケープゴートにしてキリスト教の問題性を批判しているからではないかと解釈しようとする。しかしシュトラウスは、コーヘンがそうした脈絡でスピノザの『神学政治論』を読み進めても、たとえばなぜスピノザは、ユダヤ教とキリスト教を別扱いするのかとか、にもかかわらず旧約聖書や預言者の教えにも新約聖書と同様普遍的な教えがあると言うのはなぜか、といったさまざまな矛盾を解くことはできないと言う（SCR. pp.20f.）。このようにシュトラウスは、コーヘンがスピノザの読みに失敗するコンテクストを追いながら、それは結局、メンデルスゾーンからコーヘン、ローゼンツヴァイクに至る近代ユダヤ教哲学すべてが、スピノザの近代的聖書批判の方法を受容してしまっているという最大の本質的問題に、コーヘン自身が無自覚だからだと「よりラディカルな批判」を述べる（SCR, p.14)。

シュトラウスの一九五二年の講演「進歩か回帰か」によれば、スピノザの最大の問題点は、ユダヤ的伝統とそれとは異質な近代合理主義を折衷させた点にある。スピノザは聖書神学を否定し、聖書を神的なものではなく文献学的歴史的解釈と批判の対象とみなし、聖書の神のかわりに汎神論をおき、世界を完全に明晰判明に数学化されうる合理的世界と考えた。しかしスピノザは、聖書の道徳性を否定したわけではなく、聖書が正義・仁愛・愛・慈悲といった善性を人間に教えている点で高く評価していた（PR, p.130)[15]。シュトラウスによれば、これはスピノザが近代的なリベラル・デモクラシーの体制に適応する宗教理論を提示したことを意味した。スピノザは国家が公の宗教によって補強されることを認めてはいたが、それはユダヤ教でもキリスト教でもない中立の普遍的宗教、つまり普遍的な公の市民道徳のことである（PR, p.91)。たしかにそうした方向性は、スピノザの汎神論に限らず、クリスチャンでありながら無神論者と呼ばれたホッブズや、理神論者と呼ばれたロックなど近代哲学に共通の戦術である（PR, p.99)。後のルソーに至ると、キリスト教を越えて、市民道徳そのものを意味する世俗的な市民宗教が展望される。

しかしシュトラウスは、そうしたスピノザの近代的聖書批判を、つまり同化主義の方向を受け入れるかぎり、ラビによる伝統的なユダヤ教からの逸脱、そしてユダヤ教の無意味化とユダヤ人のアイデンティティの喪失が帰結すると警告する。ユダヤ人であるがゆえの苦難、永年の離散と流浪、それを耐え忍ぶことを可能にする永遠の選びとメシア再臨への確信はすべて過去の残滓と化し、むしろ宗教の相対化とリベラル・デモクラシーの進展という進歩が望まれるからである。そこには、ユダヤ教の放棄という自分の内面的な隷属を代償に政治的権利を獲得するという、「俗物根性の泥沼（bog of philistinism）」しかない（PR, pp.91-94）。結局文化的シオニストは、嫉妬する神の奪還に失敗したのだった。

第四節　「嫉妬する神」を殺したモダニティ

道徳性の喪失とファシズムへの道

ところでシュトラウスによれば、宗教の普遍主義化は、ユダヤ人にアイデンティティの崩壊と俗物根性をもたらしただけではなく、ヨーロッパ全体に道徳性の危機をもたらした。普遍的宗教というものは宗教としては存在しえず、それは道徳性の喪失と同義に他ならない。このことが現実に証明されたのはようやく二〇世紀に入ってからだが、ずっと早い時期にそれを理論的に見通したニーチェの炯眼に、シュトラウスは敬意を表する。ニーチェは、世俗主義の勝利は聖書への信仰の喪失やキリスト教的神の喪失を意味するばかりか、聖書の道徳そのものの否定であることを究極的に問いつめ宣言した（PR, p.99）。しかし実はさらにそれ以前、スピノザがギリシャ哲学もキリスト教も否定し、善と悪は人間的視点でのみ異なっており、神学的には無意味であると述べた時（SCR, p.18）、すでにスピノザの神は「善悪の彼岸」に立っていたのだった。

こうして、宗教と倫理を失い相対主義に陥ったヨーロッパ社会の人々の心は、空虚なニヒリズムに陥った。そしてこの問題解決や救済の不可能性の深淵を「真面目に（serious）」のぞきこんだのがハイデガーに連なる実存主義であり（IHE, pp.35f.）、他方「俗物根性」の人々は、自らが属する社会の価値と思われるもの――政治的神話や行動的イデオロギーやテクノロジーなど――で安易に空白をうめた。また公的領域から宗教を消去したリベラル・デモクラシーは、同時に公的な正統性や権威を喪失し、逆に自己の体制の弱体化を招き、ファシズムにたいし脆弱性をあらわにした。宗教は、理性や真理にたいする偏見や迷信であり、さらに人間相互の憎悪と敵対を生むものとみなしてきた近代的世俗主義・合理主義こそが、実はファシズムへの道を準備したのである。「我々が目撃し、いまも目撃し続けている野蛮は、全く偶然であるというわけではない。……近代という時代に起こったこととは、西洋文明の遺産の漸次的な腐食と解体なのである」（PR, pp.100f.）。

このようにシュトラウスは、当時のドイツ知識人に固有な近代批判と西洋の没落という問題意識を共有しており、ハイデガー、シュミットなどナチに近いといわれるドイツ・ロマン主義者からも大きな影響を受けている。しかしナチズムが、フランスに代表されるリベラル・デモクラシーの要素を色濃くもつ、コスモポリタン的なモダニティにたいしてドイツ的なものを称揚し、ユダヤ人に商業的、奢侈的、歴史主義的であるというモダニティのレッテルを貼ったのにたいし、シュトラウスは、ユダヤ的なもののアンティ・モダニティと伝統的宗教性をきわだたせた。

現代のグノーシス主義としてのモダニティ

シュトラウスによれば、モダニティは宗教ばかりか哲学をも根本的に変えた。まず近代以降、哲学と科学は分離し、その結果「どのような権力や利害の道具にも堕してしまう非哲学的科学」と「願望や偏見が理性に属すべき場所を強奪した非哲学的科学」との両方が認められ、ついにはヒットラーの哲学が認められるに至る。「哲学や科学が社会的行為にとって最良の導きであり、ありうる、あるべきであると一般に考えられていた時代」は過ぎ去った（HBS, p.216）。

その反面で近代哲学は歴史と接近していった。一七世紀終わりに「時代の精神」が常套句となり、一八世紀半ばには「哲学の歴史」が登場し、ヘーゲルによる哲学と歴史の壮大な融合が完成したように、近代合理主義は前近代の「合理主義（rationalism）」よりも「歴史主義（historicism）」と加速度的に融合した（WPP, p.58）[16]。歴史主義とは、たとえばカントや一八世紀の合理主義者が、思想の歴史は進歩の歴史であると考え、それゆえ「過去の著作家をその人が自分を理解した以上によく理解」できると信じている態度である（HBS, pp.207f.）。

また、過去の思想をそれ自体として理解しようとしたランケのような歴史主義が、進歩主義のような誤りをおかさないかといえば、そうではない。歴史学派は、あらゆる哲学は本質的にその時代の精神の表現であり、あらゆる時代の思想は等しく真理であると考えているから、あらゆる時代に妥当する真理を語っていると述べる思想に根拠がないと前提していることになる。つまり、過去の思想家より自分のアプローチの方がすぐれていると信じる点では進歩主義と「同じ罪」である（HBS, pp.209f.）。このような歴史主義は、「それぞれの世代の者は自分自身の経験にもとづいて、かつ自分自身の将来の展望をもって過去をあらためて解釈しなおすことを要求する」から、哲学の瞑想と手を切り、行動主義と結びつく（WPP, p.59）。

このようなシュトラウスのモダニティ批判と問題意識を共有する友人のエリック・フェーゲリンが、それを「現実にたいするグノーシス的な反逆」「〔神に対する〕グノーシス的な殺人」と名付けているのは興味深い(17)。グノーシス主義とは神や人間の本性・運命についての知識《グノーシス》を特に重要視するキリスト教の異端だが、もちろんフェーゲリンはそうした教義上の意味で言っているのではない。彼は、人々が人間性のある本質的な部分が開花されていないという強い疎外の感情を抱き、さらに疎外をつくりだした状況へ反逆し、そうした状況を克服、変更するには人間の知識で十分であるという確信を強く抱いていることを指して、グノーシス主義と呼んでいる。若き時代ハンス・ケルゼンとオトマー・シュパンの指導のもと博士号を取得し、マルキシズムと実証主義に魅せられたフェーゲリンだったが、それらの思想のなかには、超越的な神の力によらず、世界に内在した人間の知識と行動の力によって、現実を変形させ地上に完成をもたらすことを信じるグノーシス主義があり、その果てに全体主義があると総括するに至る。グノーシス主義が「私は嫉妬する神」「私の他に神はない」というヤハウェの言葉をくりかえし批判してきたことを考えれば(18)、モダニティはまさに嫉妬する神を殺すことに完全に成功した。そしてそれは必然的にユダヤ人そのものの殲滅を意味したのだった。

啓示とマイモニデスへの回帰

以上の議論から明らかなようにシュトラウスは、スピノザの合理主義と普遍的宗教ではなく、スピノザが近代的前提を保持するがゆえに誤読した中世ユダヤ哲学者マイモニデスの啓示と律法《トーラー》の立場を選択する（PET, p.13)。シュトラウスは、G・ショーレムに賛同しつつ、啓示にたいする哲学の批判は外在的であり、啓示は信じられないという積極的理由を哲学は全く提示していないと言う。啓示の証拠とは、ローゼンツヴァイクら「新思考」のユダヤ哲学が追求したような、信仰者の経験の成立やその条件、あるいはユダヤ民族の自己意識などの「社会学的」「歴史主義的」問題にはなく、「神との遭遇」という「個人的体験」と、父から子へ連綿と受け継がれてきた「信頼できる伝統の間断なき連鎖」という歴史的証拠のうちにある（PR, pp.123-125)。

それは啓示と理性、聖書と哲学の統合、同化を拒否する立場であり、そもそも人は「哲学者であるともに神学者であることはできず」「私たちはだれでもどちらかでしかありえず、またどちらかであるべき」なのである（PR, p.116)。また彼は、アメリカのユダヤ人に、ユダヤ人であることはかつてハイネが述べたような「不幸」ではないと説き、ユダヤ人の過去を誇りをもって受け入れるよう呼びかける。ユダヤ教は確かに「錯覚（delusion)」であったかもしれないが、「英雄的な錯覚」であり「かつてそれ以上に高貴であった夢はない」のだから（WW, p.327f.)。

ここまで追いかけてきたシュトラウスの議論は、一見首尾一貫しているようにみえて、しかし実はそれほど釈然としたものではない。彼が言う啓示やマイモニデスへの回帰の内容は、たんに直截に人々をアンティ・モダニティや伝統的正統派ユダヤ教へ誘い、ユダヤ人の真正なアイデンティティの確立によってユダヤ人問題の政治的解決を図るといったたぐいのものではないことは明らかだろう。シュトラウスの言説のなかには、ユダヤ人問題にかんしてリベラル・デモクラシーの提示する解決案は不愉快なもの（uneasy）だが、それ以上に良い方策がない、にもかかわらずユダヤ人はその出自を変えることはできず、過去を受け入れる自尊心が必要であり、しかしユダヤ人問題は解決不可能だ、といった具合に相互矛盾した見解が併存したままだからである（WW, p.317, p.320）。

そもそも政治戦略として考えれば、たとえばアーレントが指摘するように、伝統的ユダヤ教は近代国家や権力政治という公の場において、ユダヤ人にとってきわめて不利に機能し続けてきた。彼女によれば、ユダヤ人が迫害される者の典型として神に選ばれたことを認めるような議論は、ユダヤ教自体がユダヤ人の迫害を正当化する宗教的理念の「パロディ」となって、政治的に利用される余地を残してしまう。しかも長いあいだ国土も政府も国語もなく政治的経験に乏しいユダヤ民族は、権力にかんする知識や利害をもたず、国民国家とは相いれないメンタリティと組織をもっていたのだから[19]。このユダヤ民族に特有の、政治性を欠如した「女性的」精神の錯覚と忍耐強さと高貴さは、それを利用する側からみれば願ってもない従属の思想であり、それがホロコーストを許したとも考えられる。こうした一連の疑念をシュトラウスが考えなかったはずはない。

とすれば私たちは、啓示やマイモニデスへの回帰という、聴衆や世論にたいして発せられたシュトラウスの公共的で政治的な発言のなかに、隠された秘教的で哲学的な意味を探る必要があろう。よく知られているようにシュトラウスは、全体主義的な社会状況のなかでも公に語ることが許され、かつ大多数の市民の常識的な意見に順応しうるような「公教的教え（exoteric teaching）」と、そうしたなかに密かに隠されて語られて、ごく少数の人にしか理解できない「秘教的教え（esoteric teaching）」を区別していた。後者は、語る人の利己的なあるいは階級的・集団的な利害や歴史制約的な地平を越えて、絶対的な真や善について語られる哲学の、ないしは政治哲学の地平である（PAW, pp.33-37, NRH, pp.35f., p.143）[20]。当然シュトラウス自身の教えも、この二つの読解の方法によって分析されなければならない。

第五節　「嫉妬する神」を確知した後に見えるもの

シュトラウスとスピノザの隠された一致——聖書と哲学の分離

はたしてシュトラウスが提起した中世ユダヤ教哲学への回帰とは、政治哲学的には何を意味していたのだろうか。この問題に答えるためには、マイモニデスの検討が不可欠である。またここで扱った『序文』をはじめシュトラウスのユダヤ教にかんする言説が、一九六〇年代前後のアメリカで発せられたものであることには、本質的な意味がある。シュトラウスのユダヤ人問題にかんする発言は、六〇年代前後のアメリカのリベラル・デモクラシーにたいする発言であり、そのなかのマイノリティであるユダヤ人に向けた発言であり、さらにユダヤ人の下におかれた黒人の問題や公民権運動にたいする発言でもある。

しかし筆者には、こうした諸点をはじめとしてシュトラウスの政治哲学の地平と内容について包括的に論じる用意がない。ここでは焦点となったシュトラウスのスピノザ解釈を通して、シュトラウスの意図するところの一端を探り、彼の政治哲学の方向性をおぼろげながら見定めてみたい。というのもシュトラウスのスピノザにかんする発言は、きわめて奇妙でまったく釈然としないからである。

たとえば、先に問題となった『神学政治論』の第一五章の、神は嫉妬するか否かという問題の箇所である。ここでスピノザは、「懐疑派」と「独断派」の二つの聖書解釈の系譜を論じながら、聖書か理性か、どちらがどちらに従属すべきかという問題を論じていた。近代的な先入見から、当然スピノザは聖書より理性を上位においたと考えがちだが、先の箇所を注意深く読めば分かるように、スピノザは、理性を聖書に従属させるのも聖書を理性に従属させるのも、両方に反対なのである。彼は、前者は「理性を欠いた狂気の沙汰」、後者は「理性による狂気の沙汰」(TTP, C.15, p.180, 下一四五頁)であり、「理性は真理と知恵の領域を、神学は敬虔と服従の領域を」「各々が自分の領域を保持しなければならないことを断固として主張する」(TTP, C.15, p.180, 下一四五頁)とまで言っている。これは、啓示と理性、聖書と哲学の統合、同化を拒否するシュトラウスの主張と全く同じではないか。

さらにシュトラウスは次のような議論も展開している。「聖書によって唯一必要だと宣言された事柄は、それが聖書によって理解される限りでは、ギリシャ哲学によって理解された限りでギリシャ哲学によって唯一必要だと宣言されたことがらとは、両立不可能である」(PR, p.104)。なぜならばギリシャ哲学が大切にするものは、自律的な知性の生活と自分自身の力で有徳であろうとする矜恃であり、それを可能にするのは暇《スコラー》と経済的支えである。また政治共同体の善性や世界の永遠性・非人格的必然性が前提され、「自然」という言葉で表現された。他方聖書によれば、知性は神によって神に服従するためにのみ人間に与えられ、従順で貧しい愛の生活や罪や失敗の意識が重視される。都市は暴力と殺人者によって創設され、世界は人格神による無から創造され、神との人格的関わりが絶対である。ヘブライ語には「自然」という言葉はなく、それに相当する言葉は「習慣（custom）」「流儀（way）」である（PR, p.104, pp.108-112）。

しかしこうした主張もまた、スピノザが『神学政治論』で首尾一貫して主張していた主題である。スピノザは、聖書は啓示による認識によって人々に神への服従を教え、それによって正義と愛の習慣（mos）を育み、哲学は自然的光によって真理を教え、聖書と哲学のそれぞれは共通するものを何ももたず固有の基盤の上にたっている（TTP, prae, p.10f., 上五一－五三頁）、とくりかえし説いている。あれほど「歴史主義的」な解釈を排して、厳密なテキストそのものの読解を主張したシュトラウスが、こうしたスピノザの主張を読み落とすはずはない。むしろシュトラウスは、コーヘンら近代主義的ユダヤ教哲学が読みとれなかったスピノザまでをも、明瞭に読んだはずである。にもかかわらず、シュトラウスは宗教と哲学をはっきり分離させる立場として、中世ユダヤ教哲学にしか言及しない。

しかしシュトラウスはわずかに次のようにもつけ加えている。スピノザはたしかに聖書が神的な啓示によって与えられたとか、五書はモーセによって書かれたとか、奇跡は実際に起きたといった正統派ユダヤ教の主張は認めないだろう、しかし正統派が、自分たちはそうした事柄を信じているだけであると主張するならば、事柄は違ってくるはずだと（PET, p.28)。つまり信仰は哲学的な理性によって論破されえないことをスピノザが十分知っていたことに、コーヘンやローゼンツヴァイクは気づかなかったが、シュトラウスは読みとったのである。にもかかわらず、シュトラウスはそれを明示《イックスプリシット》的には、つまり公教的には語らなかった。ということは、むしろそこにシュトラウスがスピノザから読みとった秘教的教えがあるということにはならないだろうか。

シュトラウスとスピノザの隠された一致――聖書と哲学の一致

シュトラウスとスピノザとの一致という不思議な現象は、聖書と哲学の分離だけではなく、その一致という問題についてもみられる。シュトラウスは次のように指摘している。

聖書とギリシャ哲学には、アンティ・モダニティというような言外に含まれた《インプリシット》一致ではなく、「テキストに直接あらわれている」一致があり、それが道徳性（morality）である。モーセの十戒とギリシャ哲学の自然法は奇妙なことに、家父長的家族、一夫一妻制度、自由な成人男子、とりわけ年長男性が支配する社会、女性の従属性などの道徳的内容で一致している。確かに両者は、その道徳性を補完したり（supplement）完全化したり（complete）する、あるものXについては一致していない。しかし逆にいえば、不一致とは一致を前提としてはじめて成立するものであり、「人々はある事柄に不一致（disagree）である場合には、ある重要な事柄にかんして一致する（agree）はず」であり、それはたんなる形式的な一致よりもっと根底的（deeper）なのである（PR, p.105)。

実はこれも、スピノザの『神学政治論』の主題そのものだった。彼が、聖書というテキストのみに依拠して行った作業とは、聖書のなかのさまざまな対立や矛盾から一致する共通項を抽出し、それが愛や正義を説く道徳説＝普遍的宗教であることを確定することである。そしてさらに彼は、普遍的宗教が哲学的真理とは無関係であるにもかかわらず、宗教が教える実践的倫理とそれに服従する民衆の行動が、哲学的真理を知りそれによって自由に行動する徳ある者の行動と奇妙に一致してしまうことを示した（TTP, C.15, pp.184f., 下一五九－一六二頁）。

しかしシュトラウスは、これについても明示的には言及せず、むしろそれをマイモニデスの功績として述べる。たとえばシュトラウスによれば、キリスト教において宗教とは教義（dogmas）にたいする信仰としてであり、その学は哲学と深く関わる教義神学（dogmatic theology）だが、ユダヤ教とイスラム教にとって宗教とは、神的起源をもつ法であり、その学は律法の学《ハラカー》とイスラム学《フィク》であり、哲学と共通するものをほとんどもたない（HBS, p.224）。それゆえマイモニデスのような伝統的ユダヤ教の「独断派」は、ユダヤ民族を律法によって理解しはしたが、律法の前提であるユダヤ民族とその選民性については沈黙した。それにたいし、近代個人主義的・キリスト教的視点を導入したローゼンツヴァイクの議論は逆にイスラエルの選民性を強調し、世俗主義的な民族主義と同一の結果を招いた。つまりは、宗教＝啓示と哲学＝真理とが隔絶されたところに真理をめぐる闘争は起こらず、宗教とは、「正統的なきびしさ」によって人間の悪の力を深く把握し、それを抑制する道徳的機能しか果たさない（PET, pp.13f.）と。

シュトラウスの政治哲学の地平

こうしてみると、スピノザが、マイモニデスを批判するという公教的語りをしながら、実はマイモニデス自身による聖書と哲学の完全な分離と並列という秘教的教えを消化したように、シュトラウスもスピノザのモダニティを批判するという公教的語りをしながら、実はスピノザ自身による聖書と哲学の完全な分立を秘教的教えとして会得していたようにみえる。そしてスピノザが語る聖書と哲学の分離と一致とは、聖書から派生するさまざまな宗教がある種の「〈正義と愛徳〉の言語ゲーム」の上になりたち、それが全く無関係なはずの理性的真理と「共通の外部」をもってしまうという「不気味」で「異様な」ことを語っているとしたら[21]、そういうスピノザと歩みを共にしたシュトラウスとは、いったい何を企んでいたのか。

アナロジーによる推測の域をでないが、シュトラウスはまず、自己ないし自己の共同体に固有な宗教＝哲学＝アイデンティティ（たとえばユダヤ教）の固有性と自律性の構造を理解することによって、あたかも自己と他者および他の共同体との相互共存を可能にしていると思われている共通性（たとえばモダニティなど）のなかにこそ、相互に対立せしめる、ある地盤やからくりが存在していることを暴きだす。しかもその作業は、そうした同一性を成り立たせる構造自体が、実は必然的な真実ではないことを明示する過程でもある。それは同時に自己の固有性や自律性の構造が明らかになり獲得されたと思った瞬間、それがどこか不明の外部で他者との共通性に組み込まれていることが判明する過程でもある。この作業はシュトラウスが歴史主義を批判することから分かるように、自己の歴史的起源と成り立ちの過程を現在の行動主義的問題意識にもとづいて追う作業ではなく、自己を成り立たせている精神的な機構と地平そのものを解明し解体した先に、ある種現実的な「外部（Without）」と「超越（Beyond）」（PET, p.9）を見るような熾烈な作業ではないだろうか。

そしてもしこれがシュトラウスの戦略ならば、リベラル・デモクラシーを公教とするアメリカという亡命先で、一方ではマイノリティの立場からリベラル・デモクラシーの真理を解体させ、他方では純粋なユダヤ教へ回帰し自らのアイデンティティを確知することによって、真理としてのユダヤ教の自己解体をはかるという、自分自身をもふくめてすべてを敵にまわすようなきわめて危険な戦略だったことになる。しかしそう考えると、シュトラウスがあれほど公教的教えと秘教的教えの区別にこだわった理由が分かる。ただそれは熾烈ではあるが、根源的に孤独な作業ではなかったであろう。不思議なことに、中世ユダヤ教哲学者として語るマイモニデスも、マイモニデスを批判する近代的聖書学者スピノザも、スピノザを批判するシュトラウスも、結局同一の政治哲学の地平を見すえていたことになるのだから。

注

（1）Eliot, T.S., *The Idea of Christian Society*, Harcourt Brace and Company, 1940 からの引用を、McAllister, Ted V., *Revolt against Modernity Leo Strauss, Eric Voegelin, and the Search for a Postliberal Order*,

Lawrence, KS: University Press of Kansas, 1995 が第一章冒頭に掲げている。

(2) 以下の対話については、ジャン・ギトン、ジャック・ランズマン『神を信じる者と信じない者』幸田礼雅訳、新評論、一九九五年（Guitton, Jean & Lanzmann, Jacques, *Celui qui croyait au ciel et celui qui n'y croyait pas.*, Edition Jean-Claude Lattes, Editions Desclée de Brouwer, 1994.）一七－一九頁、一三九頁、一六九頁等を参照。

(3) Strauss, Leo, "How to Begin to Study Medieval Philosophy," in *The Rebirth of Classical Political Rationalism*, Pangle, T.L.ed. University of Chicago Press,1953（『古典的政治的合理主義の再生』石崎嘉彦監訳、ナカニシヤ出版、一九九六年）は、HBSという略記号を用いて、本文と注に注記する。

(4) Strauss, Leo, "An Introduction to Heideggerian Existentialism," in *The Rebirth of Classical Political Rationalism*, Pangle, T. L. ed. The University of Chicago Press, 1989（『古典的政治的合理主義の再生』石崎嘉彦監訳、ナカニシヤ出版、一九九六年）は、IHEという略記号を用いて、本文と注に注記する。

(5) Strauss, Leo, "Why We Remain Jews"（1962), in *Jewish Philosophy and the Crisis of Modernity: Essays and Lectures in Modern Jewish Thought*, ed. with an Introducion by Kenneth Hart Green, Albany: State University of New York Press, 1997 は、WWという略記号によって、本文と注に注記する。

(6) ユダヤ人としてのシュトラウスの思想遍歴とホッブズ、コーヘン、シュミットらとの思想的諸関係については、長尾龍一「レオ・シュトラウス伝覚え書き」東京大学大学院総合文化研究科国際社会科学科専攻編『社會科學科紀要』一九九七年、参照。なお長尾龍一先生には、シュトラウス研究にかんして多くの貴重なご教示を直接賜り、また数々の著書、研究書の便宜を図っていただいた。今回は残念ながら筆者の非力により、そのほとんどを消化することができなかったが、ここに厚くお礼を申し上げたい。

（7）Strauss, Leo, *Spinoza's Critique of Religion*, Preface to the English Translation, Schocken Books Inc., 1965.（*Die Religionskritik Spinozas als Grundlage seiner Bibelwissenschaft. Untersuchungen zu Spinozas Theologisch-Politischem Traktat*, Akademie-Verlag, 1930）は、SCRという略記号によって、本文ならびに注に注記する。

（8）リベラリズムをめぐるシュトラウスとマルクス、ルソー、シュミットの関係については、Drury, Shadia B., *Leo Strauss and the American Right*, Hampshire/London: Macmillan Press, 1997, pp.36-38, pp.81-96 等を参照。

（9）ドゥルーリィによれば、シュトラウスはユダヤ人が祖国をもつことには好意的であるが、それは他のネイションとは異なるユダヤ教的なネイションであり、その意味でシュトラウスは「政治的シオニスト」ではないが「ユダヤ的ナショナリスト」であると規定している（Drury, *op. cit.*, p.40）。

（10）Spinoza, Baruch de, *Tractatus Theologico-Politicus. Spinoza Opera*, Bd.3, im Auftrag der Heidelberger Akademie der Wissenschaften herausgegeben von Carl Gebhardt, Carl Winters Universitaetsbuchhandlung, Heidelberg, 1925 は、TTPという記号を用いて、本文ならびに注に注記し、畠中尚志訳『神学・政治論——聖書の批判と言論の自由』上・下、岩波文庫、一九四四年の頁数をあわせて記す。

（11）コーヘンの略歴と思想については、以下の著作を参照。S・ノベック『二十世紀のユダヤ思想家』鵜沼秀夫訳、ミルトス出版、一九九六年（Novek, Simon ed., *Great Thinkers of the 20th Century*, The B'nai B'rith Department of Adult Jewish Education, 1963）、Brumlik Micha, "Patriotismus und ethischer Unsterblichkeitsglaube: Hermann Cohen", in *Von Jenseits: Jüdisches Denken in der europäischen Geistesgeschichte*, herausgegeben von Eveline Goodman-Thau, Akademie Verlag, 1997, Emil L. Fackenheim and Morgan, Michael L. ed., *Jewish Philosophers and Jewish Philosophy*, Indiana University Press, 1996.

（12）K・レーヴィットは、ナチによる「ドイツ官吏制度の再建」をめざす法律の制定によって、大学をはじめとしてすべての場所でユダヤ人官吏が解雇されたが、出征軍人経験者は例外とされたこと、また自分の講義に出席した学生が、「東方ユダヤ人」のみに反対で、「学問研究」ではユダヤ人を排斥すべきではなく、まして出征したユダヤ人には敬意をはらうべし、という多くの者に共通する「リベラル」な意見を述べた、という経験を語っている。『ナチズムと私の生活』秋間実訳、法政大学出版局、一九九〇年、一六‐一八頁（Löwith, Karl, *Mein Leben in Deutschland vor und nach 1933/Ein Bericht*, Stuttgart: J. B. Metzlersche Verlagsbuchhandlung und Carl Ernst Poeschel Verlag GmbH., 1986.）

（13）ちなみに「解釈学的な(figurative)」解釈と「字義どおりの(literal)」解釈の区別は、スピノザが新たに考案したわけではなく、タルムードの教えのなかのDerashとPeshalの区別に当たるという。Levy, Ze'ev, *Baruch or Benedict: On Some Jewish Aspects of Spinoza's Philosophy*, Peter Lang, 1989, p.43 参照。

（14）Buber, Martin, *Die chassidische Botschaft*, Lambert Schneider Verlag, 1952.（『ハシディズム』平石善司訳、みすず書房、一九九七年、九頁）。

（15）Strauss, Leo, "Progress or Return?"（1952）in *Jewish Philosophy and Crisis of Modernity, Essays and Lectures in Modern Jewish Thought*, ed. with an Introduction by Kennrth Hart Green, Albany: State University of New York Press, 1997 はPRという略記号によって、本文と注に注記する。

（16）Strauss, Leo, *What is Political Philosophy?*, University of Chicago Press, 1988（『政治哲学とは何か』石崎嘉彦訳、昭和堂、一九九二年）は、WPPという略記号を用いて、本文ならびに注に注記する。

（17）フェーゲリンの略歴と彼のグノーシス主義に対する批判については、McAllister, Ted V. の前掲書、C.1, 5, 8 参照。

（18）大貫隆「ないないづくしの神」宮本久雄・山本巍・大貫隆『聖書の言語を超えて――ソクラテス・イエス・

グノーシス』東京大学出版会、一九九七年、二七三頁。

（19）Arendt, H., *The Origins of Totalitarianism,* Harcourt Brace 1951, pp.7f., pp.22ff.（『全体主義の起源――反ユダヤ主義』大久保和郎訳、みすず書房、一九七二年）

（20）Strauss, Leo, *Persecution and the Art of Writing,* The University of Chicago Press, 1952, renewal, 1980 by Miriam Strauss（第二章「迫害と著述の技法」石崎嘉彦訳、『現代思想　総特集スピノザ』一九九六年一一月臨時増刊号）は、PAW という略号を用いて、本文と注に注記する。Strauss, Leo, *Natural Right and History,* Chicago: The University of Chicago Press, 1953 は、NRH という略記号で、本文と注に注記する。（『自然権と歴史』石崎嘉孝訳、昭和堂、一九八八年）

（21）聖書と哲学の分離と一致が意味するものについては、上野修「スピノザの聖書解釈・神学と哲学の分離と一致」『現代思想　総特集スピノザ』一九九六年一一月臨時増刊号、を参照。

第Ⅱ部　近世・近代における理性・啓示・政治の関係

第三章　西欧近世にみる開放的共存の思考様式

――スピノザにおける神権政治と民主政

第一節　一七世紀は「急進的啓蒙」の世紀か?(1)

話の端緒として、英米圏とくにオランダで近年話題になった、『急進的啓蒙――哲学と近代の形成一六五〇－一七五〇』(二〇〇一年)という大著に触れてみたい。著者のJ・イスラエルは、一六五〇年代のオランダの思想状況から筆を起こし、スピノザ、P・ベイル、ライプニッツ、ニュートン、ロック、ブーランヴィリエ、ディドロ、ルソーと辿りながら、この百年の知的伝統こそが後にフランスやイギリスの啓蒙思想の基礎となり、ヨーロッパを越えて全世界に広がるモダニティの模範となった様相を描きだしている。一般には、一九七〇年代以降の啓蒙思想研究の興隆により、「啓蒙」はスコットランドや一八世紀フランスの専売特許ではなく、さまざまな時代や周辺諸国・諸地域における異なる諸形態として差異化されたと言われる。こうした啓蒙の多様性にたいしてイスラエルは、啓蒙とは「一つのかなり統合された知的・文化的運動」であり、その中心が「スピノザとスピノザ主義」に他ならないと主張する。[2] この場合の「啓蒙」とは、一口で言うならば、世俗化と合理化（無神論・理神論・自然主義・ネオ・エピキュリアニズム）、近代化と民主化（教権主義や王政・貴族政の廃止）を指している。

このようにヨーロッパの特定の地域と時代に発した統一的な思想形態に、世俗化・近代化・民主化の模範を見出そうとする主張は、「ナショナル・ヒストリー」の偏狭さを越えたいというイスラエル自身の意図とは裏腹に、ユーロセントリックな政治的発想と結びつく可能性を秘めている。そしてそれは、スピノザを中心とした西欧近世の政治思想を、「世俗化と近代化」の視点から強力にライトアップする方法と無関係ではないように思われる。

そもそも一七世紀のヨーロッパでは、中世的コルプス・クリスティアヌムが解体されたとはいえ、ウェストファリア体制は政教分離体制ではなく、ピューリタン革命・名誉革命後も国教会体制は残り、いまだコンフェショナリズムが支配していた。当時、西洋一寛容な国といわれたネーデルラントにおいても、改革派教会は、ハイデルベルク・カテキズムと、反レモンストラント派であることを示す五か条の信仰告白を公的に求めるなど、国教会化していた。[3] スピノザをはじめ西欧近世の政治思想家たちは、コンフェショナリズムにたいする解決策を考えるうえで、民衆の道徳的・政治的関係を設定する啓示宗教の社会的・歴史的意義の重要性を、現代人以上にかなり深く認識していた。今日、世俗化・近代化された欧米諸国と啓示の民との政治が大きく対立する状況は、かつて近世の政治思想家たちが苦闘した思想的営為を、現代的な視点から再検討すべきことを迫っているようでもある。ここでは、改宗ユダヤ教徒の子孫であり、アムステルダムのユダヤ教共同体から破門された後もキリスト教に改宗しないまま生涯を終えた、特異な来歴をもつスピノザの思考様式のなかに、啓示と理性、神権政治と民主政の関係性を探り、そうした課題の一端を考えてみたい。

第二節　理性と啓示の分離性と共約性

スピノザは、理性と啓示の関係をどのように考えていたのだろうか。スピノザにとって理性によって把握される神とは、必然的な自己運動により無限に様態（所産的自然 natura naturata）を産出する能産的自然（natura naturans）に他ならない。その永遠無限の属性として延長と思惟を等しく認める彼の哲学体系は、スピノザ主義と呼ばれる無神論・唯物論のさまざまなヴァリエイションを生み、ヨーロッパ各国の啓蒙思想に大きなインスピレーションを与えた。その点では、イスラエルが述べる「急進的啓蒙」の伝統は確かに存在した。

しかしそうした神即自然を直截に提示する『エチカ』（*Ethica*, 1677）での展開と、スピノザが生前匿名で出版した『神学政治論』（*Tractatus Theologico-Politicus*, 1670）とでは、議論の主題と提示の仕方がかなり異なっている。もちろん後者においてもスピノザは、人格神（創造し・意志し・欲し・支配し・法を与える神）を否定し、奇蹟の超自然性や来世での賞罰を認めず、自然を考察するのと同様の方法で聖書を読むという近代的な聖書批判の方法を提唱する（TTP, C.7, pp.97-102, 上二三四－二四二頁）(4)。しかし彼は、哲学・理性と神学・信仰とを分離し、哲学や思弁の対象たる真理の確実性を主張する一方で、啓示や預言の確実性をも主張するのである。

ただし啓示の確実性とは、超自然的・神秘的な確実性ではなく、一般人より活発な想像力をもつ公正で善良な預言者が、神の啓示として伝えた言葉や形象（figura）を民衆が信じたときに成立する（TTP, C.1, p.17, 上六二頁；C.2, pp.29-31, 上八八－九三頁）、ある種の間主観的で社会的な確実性である。スピノザはそれを、「数学的確実性（mathematica certitudo）」とは異なる、「道徳的確実性（moralis certitudo）」ないしは「価値（diginitas）」と呼び（TTP, C.2, p.30, 上九一頁）、それが人々に、市民生活や幸福な生活を送るうえでの正しい生活法（vera vivendi ratio）や共同的生活様式（communis vivendi modus）を教える、と述べている（TTP, C.5, pp.77f, 上一九一－一九三頁）。

スピノザによれば、この道徳的確実性の驚くべき点は、異なる時代、異なる場所での二千年余の長きにわたる人々の聖書の読解にもとづくものでありながら、「愛（caritas）」、喜び、平安、忍耐、慈悲、善意、誠実、温和、節制」などの徳を教え、理性から行動するのと同様の正しい行為を導くという、公共的一致を現出させることである（TTP, C.5, p.80, 上一九六－一九七頁）。啓示されたユダヤの法は、永続的な「全イスラエル」の法ではなく、一時代に有効だったナショナルな法にすぎないが（TTP, C.7, p.116, 上二七三頁）、そこに含まれる道徳的確実性は、新約といわれる時代にも同様に存在し続けたことになる。スピノザはそれを広い意味での「真の信仰」あるいは「普遍的信仰（fides catholica）」と呼び、神は唯一絶対無限である等々、その最小限の信仰箇条を提示している（TTP, C.14, p.174, p.177f, 下一三〇、一三七頁）。

イスラエルの法を、消滅した国家の政治的法に解消するスピノザの見解は、キリスト教におもねた印象を与え、数々のユダヤ学者（たとえば後のヘルマン・コーヘンなど）から最大級の怒りを買うことになる。[5] しかしスピノザは、キリスト教の祭式（caerimonia）を行えない国、たとえば日本においても人々は幸福に暮らしており、礼拝や儀式と人々の至福（beatitudo）とは関係がない（TTP, C.5, p.76, 上一八七頁）、とも語っている。つまり、ユダヤ教やキリスト教はもちろんのこと、それ以外の伝統宗教や教説にも道徳的確実性を成立・反復させる機能と力があり、神への服従の義務としての正義や隣人愛を実践させ、統合や平和など公共上有益な政治的帰結が導出されうる、との主張が彼の真意である。

結局スピノザによれば、聖書や信仰は民衆に「敬虔と服従」を教え、哲学や理性は「真理と自由」を教え、その両者は領域も目的も機能もまったく異なるにもかかわらず、社会的政治的側面からみる限り、同一の結果を帰結させる可能性がある。しかも友好的で法に従った共同生活を送ることは、人々の理性を涵養する社会的条件でもあるから（E IV, prop.35, 40, 下四三－五三頁）、両者は法的・政治的制度を介した場合にのみ、ある種の共約関係に立つことになるのである。

第三節　政教分離および同化主義との相違
——反セミティズムに至る問題

信仰や宗教の問題を「服従」という社会的・政治的機能に還元し、各人の外的行動を国家の平和と最高権力の権利を損なわない（法の）範囲内に限定する考え方は、すでにホッブズにもみられる。ただしホッブズの目的は、それによって宗教や教会にたいする主権の優位性を確立することにあるが、スピノザの目的は、「判断し思考する自由」を制限されない自然権として各人に帰属させ、信仰を含めた個人の思想・信条・表現の自由と寛容を確保することにあった。(6) ただしスピノザの議論は、その後近代啓蒙思想において主流を占めていくことになる政教分離や良心の自由の概念と、やや異なった射程をもっている。ここでは簡単に次の二点を確認しておきたい。

『神学政治論』の出版からおよそ一五年後、J・ロックが、政治と宗教、国家と教会の問題を区別し、前者は人々の市民的利益や権利の確保と促進を、つまり生命・自由・健康・身体・所有の安全と確保を、後者は魂への配慮と救済および公の崇拝に関係する事柄を扱うとした、いわゆる政教分離の方向を打ち出す。(7) ロックが死の直前まで自著であることを認めなかった『寛容への書簡』は、『神学政治論』との類似性を疑われたように、類似した論点も目に付く。

しかしロックとスピノザの議論が最も異なる点は、ロックが信仰について、それがたんに他人の信仰の外面的な模倣にすぎないのか、それとも自己の内面の信仰なのかを重視し、「信仰のみが、そして内面の誠実さだけが、確実に神に受け入れられるものである」(8) とする点である。信仰における自己の良心や魂の配慮がいかなるものであるかにこだわるロックにたいし、キリスト教的な良心の構造を前提としないスピノザは、「信仰が救いをもたらすのは信仰それ自体においてではなく、ただ服従に関係してのみである」(TTP. C.14, pp.174f. 下一三三－一三五頁) と言い切る。たとえば教義内容のなかになんら真理がなくとも、それが敬虔な神への服従（隣人愛）の気持ちをもたらせば、それでよいのであり、逆に

「正義と愛を重んじる」行いからはずれて行為する者は、言葉においてある信仰に一致していたとしても、不信仰者であることになる。

こうしたスピノザの主張は、キリスト教の側からみれば、外面と内面の分離と偽装を厚顔無恥に主張した非道徳と映り、それこそがユダヤ的精神だとの見方も可能だった。法や生活態度と一体であるユダヤ教信仰にとって、外面と内面、霊と肉、精神と物体（自然）の分裂はなく、また「魂を救う」という理由が陰惨な異端審問を可能にするキリスト教に比して、ユダヤ教は異端的「見解」にたいしては、比較的寛容だとも言われる。当時改宗したユダヤ人が偽装かどうかを問われることは、ユダヤ人自身には理解しがたく、逆に偽装した改宗によってユダヤ教を守ろうとすることは、ユダヤ教自体が変質していくことでもあった。ちなみにこの問題は、反セミティズムの脈絡で後のナチの時代にまで尾をひくことになる。その端的な物言いはC・シュミットの『トマス・ホッブズの国家論におけるリヴァイアサン』（一九三八年）に見られる[9]。

ただし後にユダヤ教の側からも、スピノザが、内面と外面を分離させた同化ユダヤ思想の祖として非難の矢面に立たされるという事実[10]は、彼の議論が、たんにユダヤ教に包摂可能なものではないことを示している。スピノザの哲学的思考によれば、精神と身体とは同一物の二側面であり、どちらかがどちらかを支配するという関係にはないのだから、内面と外面の分離という設定そのものが成り立ちえない。スピノザにとってみれば、外面の偽装か誠実な信仰かを問う人こそ、そもそも両者を分離させているのである。

第二点目として留意すべき点は、スピノザの「普遍的宗教」が、既存の宗教を普遍化・理性化するという啓蒙のプロジェクトとは異なる点である。たとえば後に、メンデルスゾーン以降のドイツのユダヤ啓蒙思想家たちは、スピノザからインスピレーションを受けて、一方でユダヤ教信仰における合理的な宗教的真理（理性）、普遍的な道徳律、神の善性への信仰などを「普遍的信仰」として重視し、他方で奇蹟や啓示の非合理的側面、また固陋なユダヤ法や礼拝を障害とみなし、ユダヤ教の近代化に努力する。国家主権や政治が、教会権力や宗教から圧迫や干渉を受けるという危険性が、一七世紀よりも薄らいだ状況のなかで、信仰・思想・表現の自由だけではなく、特定の（たとえばユダヤ教の）宗教的実践をも個人の自由として国家干渉から擁護する必要が生じた場合、実定宗教の理性化という戦略は必然的に浮上する。しかしこうした啓蒙以降の同化ユダヤ人の戦略は、スピノザの戦略とは異なっている。

スピノザは、社会や政治体制を支える確実性を哲学や理性のみに求めたわけではなく、神学や啓示にも求め、しかも「真理と知恵」と「敬虔と服従」の両領域の分離と相互不干渉を要求している[11]。つまり社会的・政治的場面における限り、啓示（普遍的宗教）と哲学（自然的認識）とは、後に主流となる政教分離の様式とは異なる分離・並存の様式で、関連づけられる。スピノザは、民衆が帰依するそれぞれの宗教を、理性が真理の名の下に判定したり強制したりすることに断固反対する（TTP, C.9, p.114. 上二六八頁）。ましてルソーのように、既成のキリスト教などを廃棄して、一般意志に適合する市民による新しい宗教（市民宗教）を創出することは考えられない。新しい市民宗教は、近代的な愛国心やナショナリズムとも微妙に連動する可能性を秘めていたが、スピノザはそうした発想をもたなかった。

第四節　神権政治と民主政

啓示と理性の分離性と共約性という議論は、スピノザにおける社会契約論とヘブライの神聖国家論との間にもみてとることができる。スピノザは、ネーデルラントにおいて個人主義的近代社会契約論を最初に確立した思想家だが、同時に彼は、社会契約論による民主政（democratia）は全くの理論にすぎないとし（TTP, C.17, p.201, 下一八九頁）、実際にはそれに近い形態としてヘブライの神権政治を分析する。一見世俗主義的近代理論のようにみえる一七世紀の社会契約論が、実は詳細な聖書解釈を背景にしていたことは、アルトゥジウス、グロティウス、ロックなどにおいても同様であり、なかでもホッブズやジョン・セルデンなど、当時イングランドのエラストゥス主義者は、政治権力から教会権力の独立を主張するカトリック、長老派、アングリカンを論駁するため、古代ユダヤの法・制度や旧約研究を盛んに行ったと言われる。

そのホッブズと比較しても、スピノザの旧約解釈はきわめて独特である。たとえばホッブズによれば、モーセの神聖国家における神と民との信約（covenant）は、アブラハムと神との契約を更新したものであり、神とアブラハムが契約を結ぶ以前にアブラハムはすでに主権的権利（sovereign right）を確立していたという点に、信約の特徴がある。神が契約を結ぶ相手は主権者のみであり、各人が勝手気ままに神と契約したり、神の言葉を判定・解釈すべきではない（Lev, ch.40, pp.461ff.）というホッブズの主張は、彼が、アブラハムやモーセを世俗的主権者であると同時に「主権的預言者」、つまり国教会の首長として正当化する意図をもっていたことを明白に物語っている。

他方スピノザの聖書解釈によれば、神の奇蹟に驚嘆したヘブライの民は、各人の自然権を全面的に神に委譲するとの契約を神と結び実行したが、「すべての人々はこの契約によって完全に平等の立場にとどまり、統治権におけるすべての行政に等しく参加した」(TTP, C.17, p.206, 下二〇一頁)。そのときモーセは主権者ではなく、賢い忠告者・指導者にすぎず、この段階でヘブライ国家は民主政に近い政体だったと解釈される。

しかし民がそれぞれ神の前に進みでて、モーセを介することなく神の言葉を聴き解釈しようとしたとき、民は死の恐怖を感じ、「最初の契約を廃棄し、神にうかがいをたてる権利、ならびに神の命令を解釈する権利をすべてモーセに委譲した」(TTP, C.17, p.207, 下二〇二頁)。結局モーセは主権者となるが、彼は後継者を指名する権利はなかったから、君主政ではなく神権統治(imperium theocraticum)という政治体制が遺された。それは、律法の解釈権と執行権が相互補完しつつも別々の組織によって担われ(TTP, C.17 pp.208f, 下二〇四-二〇八頁)、人民全体が十二支族の分権体制をくみ、行政が「万人に十分明白な成文律法」にしたがって行われるような(TTP, C.17, pp.211ff, 下二一一-二一四頁)、ある種の共和主義的体制である。

スピノザによれば、ヘブライ国家の衰亡は、この神権統治の政治システムを維持できなかったことに起因する。しだいに各支族間の同等の権利が崩れ、宗教的権威が王に移り権力集中がなされるにつれ、似非預言者が現れ、扇動された人々による騒乱と各宗派相互の内乱が絶えなくなる（TTP, C.17, pp.218f., 下二二五‐二二七頁：C.18, 225ff., 下二三五‐二四〇頁）。これはホッブズがヘブライ国家の滅亡の原因を、主権者（祭司長や王）が統治と宗教における至上権（supremacy）を維持できなかったことに求めた点（Lev, ch. 40, pp.469f., p.473）とは対照的である。

こうしたスピノザの神聖国家解釈は、改革派教会を国教会とした神権政治をもくろむオラニエ派を批判し、連邦主義的共和政を擁護するためだった、と一般的には解釈される。しかしスピノザの民主政論は、たんに神権政治の批判を展開したものではなく、むしろ神権政治体制をとる共同体が、民主政に接近しうる可能性を具体的な政治社会論として指示しているとも読むことができる。

しかもスピノザの分析は、ユダヤ教的な解釈にもかなりコミットしている。たとえば、キリスト者が重視するアブラハムの契約から始めることをしない。原罪の発想がないため、モーセの時代になされる契約においても、人は贖罪の動機から行動せず、神と人の間には、利益計算から自然権を委託するという世俗的関係しか存在しない。神は民の前に目に見える形象や声で現れることはなく、モーセも神の代理人ではなく、神は律法としてしか存在しない。またイスラエルの民による王政の要求（サムエル記8.6-20）が、反ユダヤ的であるとする解釈は、今日のリベラルなユダヤ教的解釈と相通じていると言われる。(12) とするなら、改革派の人々にとっても、あるいは当時アムステルダムにあったユダヤ人共同体からも、ともに歩み寄り可能な政治構想を示すことが、スピノザの眼目だったのではないだろうか。

第五節　非ヨーロッパ思想からの木霊

スピノザ自身は哲学的理性（神への愛）の立場にたっており、普遍的宗教や神権政治という概念そのものは、彼自身の哲学的・宗教的確信とは無縁である。しかしたとえば、「すべての物に共通であり、そして等しく部分のなかにも全体のなかにも在る」（E II, prop.38, 上一三七頁）「事物の特質についての共通概念（notio communis）」（E II, prop.40 sch.2, 上一四三頁）といった、あまりに無規定なスピノザの理性の定義からは、それがいわゆるギリシャ以来の理性概念に限定されえないものであることが強く感じられる。彼にとって「理性」という概念自体が、すでにヨーロッパ的限定を越えた次元に拡大編成されていた可能性もある。

スピノザの社会契約論についてみても、自然権は「自己保存力（conatus）」と定義されるが、そこには彼独特の形而上学的で存在論的な支えと多義性が内包されている。たとえば『エチカ』においてスピノザは、「おのおのの物は自己自身のうちにある限り、自己の存在に固執するようにつとめる」（E III, prop.6, 上一七七頁）と定理を掲げた後の証明で、「なぜなら個々物は神の属性を、一定のしかたで表現する様態である……それは神が存在し活動する能力をある一定の仕方で表現するものである」と記し、続く定理でも「おのおのの物が、それによってそれ自身の存在に固執しようとする自己保存力は、その物の現実的本質（actualis essentia）にほかならない」と記している（E III, prop. 7, 上一七七頁）。スピノザが、自然権と自然法と自然（＝神）の法則は同一であると述べるのは、こうした意味であり、自然とはたんなる物質的な客体ではない。

そもそもスピノザのように「jus」のもとに法と権利の一体性を考えることは、中世以来の伝統であり、またイスラームとキリスト教との狭間で思索した、マイモニデスのような近世ユダヤ政治思想の伝統のなかにも、権利と法の一体性という考えは存在していた。権利（＝正義）とは、私たちの存在に先だって、すでに神によって共同体のうちに要求・発布されている自然法＝神法であり、私たちがその声を認めそれに応えて、他人にたいする義務を果たすとき共同的な権利が実現されるという考え方は、今日のレヴィナスの思想にまで連なっている、と主張する論者もいる(13)。

しかしスピノザの「宇宙論的」といわれる権利の概念の意義は、近現代のヨーロッパ政治思想史のなかではほとんど認められていない。スピノザの権利論は、事実と規範の混同であり非道徳的である、とのプーフェンドルフによる非難は、ヨーロッパ近代主義の脈絡のみから判断した場合には、オーソドックスで一定の説得力をもつ。しかしスピノザが議論の射程においたのは、ネーデルラントの独立によって革命勢力から多数派権力に変転した正統カルヴァン派や公認されたキリスト教諸派ばかりではなく、アムステルダムに雑居した多くの異端や異教徒であり、そこで繰り広げられる種々のコンフェショナリズムや神権政治だった。そうした情況のなかで、各派が平和的に分離・共存しつつも民主政という点で共約的な関係を結んでいくには、どのような権利論が必要なのか。後の啓蒙思想において主流となっていく近代的権利論とは異なる権利論が、スピノザによって案出されたとしても不思議ではない。

共同体的な宗教意識に支えられた社会や、啓示にもとづく神権政治のシステムと、理性や民主政とがどのようにして共約点をもちうるかを探ったスピノザの思想は、今日でもなお有効性を失っていない。イスラーム民主主義者が「神権民主主義」を語り、「ムスリムの経験は、ギリシャやキリスト教の伝統のうえに築かれた政治体制の発展と多くの重要な類似点を有している」[14]と語るとき、そこにスピノザの神権政治論や権利論の木霊を聞く論者[15]がいても、不自然なことではないだろう。しかし歴史のなかで、こうしたスピノザのヴィジョンが充分理解されたり生かされたりしてきたわけではない。私たちはその後の思想史の流れや、そこに積み重ねられた結果としての現代をどのように理解すべきなのだろうか。まだ問題は開かれたばかりである。

注

(1) 本章は、二〇〇五年十月三十日のノートルダム清心女子大学における中世哲学会シンポジウム「中世から近世へ——法・政治をめぐる思想の変遷」における提題を、大幅に縮小して書き直したものである。貴重なシンポジウムに参加する機会を与え、当日有益な討論を展開してくださった中世哲学会の皆さん、お世話いただいた代表の宮本久雄先生、司会の水田英実先生に深く感謝する。

(2) Israel, Jonathan I., *Radical Enlightenment: Philosophy and the Making of Modernity, 1650-1750*, Oxford/New York: Oxford University Press, 2001, pp.vf.

（3）Verbeek, Theo, “Spinoza on Theocracy and Democracy”, in J. E. Force and D. S. Katz, eds., *Everything Connects: in Conference with Richard H. Popkin: Essays in His Honor*, Leiden/Boston: Brill, 1999, p. 336.

（4）以下、スピノザの著作については、Gebhardt 版 *Spinoza Opera*（Carl Winters, 1925）の当該箇所と岩波文庫の邦訳頁数を、左記の略記号を使い本文中に略記する。

TTP：*Tractatus Theologico-Politicus.*（Bd. III）（畠中尚志訳『神学・政治論—聖書の批判と言論の自由』上・下、岩波文庫、一九四四年）

E：*Ethica Ordine Geometrico Demonstrata.*（Bd. II）（畠中尚志訳『エチカ——倫理学』上・下、岩波文庫、一九五一年、改訂版一九七五年）

（5）Levy, Ze'ev, *Baruch or Benedict: On Some Jewish Aspects of Spinoza's Philosophy*, Peter Lang, 1989, p.69.

（6）ホッブズも宗教が、「人びとを、服従、法、平和、慈善、市民社会によりふさわしくするため」の政治であることを強調し（T. Hobbes, *Leviathan*, ed. Molesworth, vol. 3, ch. 12, p.99. 以下 Lev と略記する。水田洋・田中浩訳『リヴァイアサン』河出書房新社、一九六六年、を参照した）、「信心や内面の思考は命令に服従するものではない」から強制不可能だが、「公的崇拝」という外面的行為は、「道徳法つまり自然法に反しない限り」主権者の定めた法規に従うべきであるとする（Lev, ch. 26, pp.273ff., ch. 31, p.355）。ただしホッブズの場合、信条の表明自体が外面的行為であるため、実質的には多様な諸見解を見聞する機会が各人から奪われ、結果的に主権のコントロールが内面に及ぶ。スピノザの場合も公的祭儀は国家の定めたものに限られるが、信条の表明は自然権として許容されざるをえないため、市民の宗教をコントロールできない支配者はもはや最高権力をもたない。つまり国家が市民の宗教を定めるのではなく、市民が公的祭儀に従っている限りでしか国家は成立しえない、という逆転が結果する（Ze'ev Levy, *op. cit.*, pp.12f.）。

（7）J. Locke, *A Letter concerning Toleration*, Works, vol.VI.: Aalen Scientia Verlag, 1963, p.9f.（浜林正夫訳「宗教的寛容に関する書簡」『ホッブズ・ロック・ハリントン』河出書房新社、一九六二年、一八九－一九〇頁）。実際ロックは、オランダ亡命当時、アルミニウス派の Philip van Limborch（1633-1712）から『神学政治論』を入手し参考にした。

（8）*Ibid.*, p.28（二〇三頁）。

（9）シュミットによれば、リヴァイアサンというヨーロッパ国家は、宗教に関わる主権者の神としての要素、社会契約論によって機械的に構成された代表主権という人格の要素、法治国家における合法性の体系という機械の要素などを無理に統合した、巨獣のような構築物だったが、それを思想内在的に破壊せしめた自由主義的・個人主義的ユダヤ思想の先鋒こそ、ホッブズにおける内面の信仰の自由に目をつけて、崇拝の外面性と内面性を逆転させたスピノザだった（C. Schmitt, *Der Leviathan in der Staatslehre des Thomas Hobbes: Sinn und Fehlschlag eines politischen Symbols*, Hamburg: Hanseatische Verlagsanstalt, 1938, S. 84-88. 長尾龍一訳『リヴァイアサン　近代国家の生成と挫折』福村出版、一九七二年、八九－九二頁）。

（10）市川裕『ユダヤ教の精神構造』東京大学出版会、二〇〇四年、一二〇、一二七頁参照。

（11）スピノザは、聖書を理性に順応させ合理的に解釈する立場として、ギリシャ哲学（アリストテレス）とトーラを調和させようとしたマイモニデス（一一三五－一二〇四年）を、他方、理性を聖書に隷属させる懐疑主義者として、マイモニデスを批判したユダヤ教団の有力者（フェルナンド三世侍医）、イェフダ・アルファカー（一二三五年没）を挙げ、両方の立場を排している（TTP, C.15, p.180, 下一四五頁）。近年の研究によれば、スピノザが暗に批判したのは、一方は理性が聖書に従うことを主張していたカルヴィニスト正統派であり、他方は理性を基準に聖書を読むことを主張していた、リベラルなカルテジアン（『聖書の解釈者としての哲学』

（一六六六年）を著したLudwig Meyerなど）やMenassah ben Israelであったと言われる。Nancy K. Levene, *Spinoza's Revelation: Religion, Democracy, and Reason*, Cambridge/New York: Cambridge University Press, 2004, pp.31, 79；手島勲矢「スピノザのマイモニデス批判――中世ユダヤのメタファー解釈との関わりで」スピノザ協会年報『スピノザーナ』二〇〇六年、学樹書院、四七－七六頁、参照。

(12) D. J. Elazer, *Covenant and Polity in Biblical Israel*, New Brunswick, N. J.:Transaction Books, 1995, pp.298f..

(13) David Novak, *Covenantal Rights: A Study in Jewish Political Theory*, Princeton. U. P., 2000, pp.7, 10, 24.

(14) ジョン・エスポズィト&ジョン・ボル『イスラームと民主主義』（一九九六年）宮原辰夫・大和隆介訳、成文堂、二〇〇〇年、八頁。

(15) 黒田氏は、スピノザの自然権論は、「万物は同じ神の手になっているため同根であり、それゆえすべて等位にある。そしてそれらは同時にすべて差異的であり、さらに互いに密接に関連しあっている」というタウヒードの論理にきわめて近いと指摘する（黒田壽朗『イスラームの構造――タウヒード・シャーリア・ウンマ』書肆心水、二〇〇四年、二二三頁）。

第四章　古典主義時代における歴史の概念と政治神学

——聖書解釈をめぐるホッブズとスピノザの相違は何を帰結するのか

第一節　近世における「ヒストリア」の特徴

フーコーが『言葉と物』において古典主義時代のエピステーメーとして注目したのは、表象と言語、自然の秩序そして富と価値の理論であり、それらが不可思議な平面的連続性をなす表象体系を形成している点である。その代表例のひとつは、F・ベーコン（Francis Bacon, 1561-1626）やデカルト（René Descartes, 1596-1650）がヒストリアと呼んだ、自然の諸現象の記述やその分析方法である。ベーコンは、理性によって自然の事物の原因を究明する論証法（帰納法）や必然性の解明の形式とは区別して、生物・地質・気象・技術など宇宙における多様な事実《ヒストリア》や経験を広く蒐集し、記憶にもとづいて記述する方法を「自然史《ナチュラル・ヒストリー》［博物誌］」と呼んでいた。(1) デカルトも、自然の諸事物に見出される理性的で数学的な諸原理の真理性と、天体などの「目に見える世界」の諸現象や経験の叙述《ヒストリア》を区別していた。(2) では当時政治社会を対象とした「歴史物語《ヒストリア》」は、どのような表象体系として存在していたのだろうか。

ベーコンやデカルトは、自然におけるヒストリアという現象の背後に人知を越えた見えない神の作為を想定していたが、政治社会を対象とした「歴史物語《ヒストリア》」が古典主義時代に特有な概念として成立するためには、『聖書』における「歴史物語《ヒストリア》」から神聖性や権威性を取り払い、事実性と世俗における政治的道徳的意味のみを問題にしようとする聖書批判の作業を経なければならなかった。そうした作業の先駆者は多いが、のちに世紀を越えて「無神論」と批判されるほど根本的な聖書批判に着手したのはホッブズやスピノザであり、彼らは聖書物語の解釈や批判を通して、当時のイングランドやネーデルラントの政治史をアナロジカルに考え、後世に社会契約論と呼ばれる近代的政治論を抽出した。『聖書』における捕囚と解放および伝統創設という預言者的な歴史物語と、ナショナルな解放の歴史、そして合理的な法・権利論としての世俗的政治理論という三つの認識が、ヒストリアという同じ地盤に成立したことが、古典主義時代における歴史概念の特異性であり、そこには、宗教・政治・科学ないし哲学の近代的領域区分がどのように確定されたかにかんする重要な痕跡が残されている。

ちなみに一八世紀後半の西欧啓蒙思想の成立以降は、聖書を媒介に現世から来世まで、そして民衆世界から学問知（理性）までを、時間的にも空間的にも広く覆っていた古典主義時代のヒストリアの概念は次第に消滅する。それに代わって現われるのが、自然法則を把握し支配する啓蒙的人間理性や自由で人格的な道徳主体としての人間と、そこから遡行的に導出された歴史の起源や目的、そしてそのための主体の道徳的政治的成長の物語といった、ヴォルテールやヘーゲルなどに代表される理性の実現の場としての歴史哲学や進歩史観的な歴史の概念である。

本章ではホッブズとスピノザにおける「歴史物語《ヒストリア》」の概念の相違と、政治・宗教・哲学（ないし科学）の領域確定の相違を論じ、ホッブズに端を発する政教分離の一般原則とスピノザの議論との相違を明らかにすることを目的とする。

第二節　二つの政治認識
――ホッブズにおける「テクスト」読解としての「歴史物語《ヒストリア》」、制作としての「理性」

ホッブズは、一方で見聞・証言・資料などから事件や物語を集めて教訓を得ようとしたヘロドトスのペルシア戦争史からマキアヴェッリのローマ史論にいたる歴史物語《ヒストリア》の概念を、他方では神の摂理や救済を現すユダヤ教史やキリスト教史としての歴史物語《ヒストリア》の概念を、両者ともに断絶した場所に新しい「歴史物語《ヒストリー》」の概念の端緒を開いた。ホッブズは、エウセビウスの教会史やアウグスティヌスの六時代説のような、体系的原理によって基礎づけられた聖史にはほとんど興味を示していない。彼にとって、旧約聖書で展開されるイスラエルやユダヤの王の歴史は、人間が原因となって起こる諸事実の集積という点で、イングランドの王の歴史と変わることはなく、(3)聖書の歴史と人間の歴史はたんなる事実である以上に、神、モーセ、キリスト、使徒、王など、その時々において誰に服従すべきかを民衆に教え、人心へ政治的影響を与える点で、同じ機能をもつ政治的認識である(4)。

しかしホッブズにとってヒストリアという政治的認識は、事実そのものの明確な知覚と名の付与、そしてその正しい定義から推論によって展開されるべき理性的認識や、学問による真理探究からは、画然と区別されなければならない。たとえば国家の繁栄・内乱・滅亡の一連のプロセスを目撃した人が、他の国をみて類似性を推測する場合のような、過去の直接の経験の集約から導き出される推察は不確実な慎慮（prudence）による認識である。(5) さらにまた『聖書』に記された「超自然的啓示」や「著者たちを信用して得られた学識」など、「テクスト」から不確実に得られた知識も同様に慎慮にすぎない。(6) それにたいし国家《リヴァイアサン》は、慎慮ではなく、明晰判明な定義にもとづく合理的な物体論や認識論を基礎にした科学によって認識される。国家は歴史とは異なり、人間の技術のみによって完全に制作可能だからである。ホッブズの認識の基礎には、人間により制作されるものは真に認識可能であり、真に認識されるものは制作可能であるとの見方がある。(7)

このようにホッブズはまず、時間的・歴史的慎慮と無時間的で合理的・技術的な理性とを区分した。この二つの区別は、来るべき来世までの時間軸で考えられるべき教会と、世俗の制作的合理性で考えられうる国家との関係にも投影される。来世の準備のために教会が存在するとしても、キリストが再臨して神の国が地上に成立するまでは、現世の公的宗教（それが国家にとって必要である場合）の存在と権威とを決定し、許容するのは、世俗の国家主権だけである。(8) それゆえ政治社会においては、奇蹟や地獄や幽霊などの誤謬にみちた宗教的な物語（narrative）は廃棄され、政治的権威（主権者）のみが歴史の内容にかんしても証印を与える。(9) ちなみにこうした議論は、イングランドの政治的統一と並行して、ローマ教皇の支配から離脱するとともに一国独自の教会制度を志向し、一六世紀にはイングランド国教会体制を確立していたアングリカニズム（聖公会神学）に比較的親和的であり、ホッブズが論じる、

『聖書』の古代イスラエルにおける国家と宗教の同一性の歴史は、イングランド国教会の防衛と深い関係にあったと言われる。(10)

第三節　ホッブズにおけるエルサレムのアテネへの還元

しかし従来ホッブズ研究者を悩ませてきたように、「キリスト教徒による世俗的国家（civil commonwealth）」は理性のみによっては成立せず、宗教と世俗とが複雑に重複し合い、なによりも国家形成の発条となる「神聖な自然法」は、世俗的理性（利益計算）によるとともに神によっても指示される。(11)それゆえホッブズが、どの程度伝統的で有神論的な自然法論に依拠していたかは、レオ・シュトラウス、W・N・ワトキンス、マイケル・オークショットをはじめホッブズの専門研究者の間での一大論争であるが、ここではS・ステイトが簡明にまとめる「エルサレムのアテネへの還元」という点のみを確認しておきたい。まずホッブズにとって理性的命題は、ある行為のための一連の手段を示す道具であり、そこからその行為を推奨したり却下したりする命令としての意志は導出されない。すなわち自然法を認識しえても、それが命じられて従うべき法となるためには、神からの非合理的でさえある命令（ヨブの神）が必要であり、じっさい各人相互が平等である自然状態において、人は人に従うことはできず、神に従うことが「自然的服従」である。「自然的理性の光」は、服従の根拠が分らない場合でも人類が道徳的に守るべきものであり、自然法の理性的原理と啓示との間に合同性（congruence）があるように、聖書は神と理性を結合させている。[12]

そうした神の言葉を命令として理解する方法として、ホッブズは、感覚的方法（アブラハムの場合のように直接言葉で命を受ける）、預言的方法（奇蹟によって、あるいは他の人々を信用させうる人を媒介として間接的に示す）、理性的方法（自然的理性の命令、世界を支配し、人類に戒律を与え、報酬と懲罰を与える神があることを信じ、神に従うこと）の三種を挙げている。したがって、人間が啓示を直接かつ個別に受けない限り、たとえ宗教が俗世における自らの指針を啓示された書のなかに所持していても、聖書それ自体だけでその指針を理解することはできず、神聖な啓示が与える政治的メッセージを聖書から正しく読解するためには、理性の手助けによる意味論的な基準が必要となる。そして理性が宗教にたいし、自然法的な理性に反しない、あるいは世俗の主権を越権しない行為や聖書解釈を要請するとしても、それは宗教にとって外在的な制約ではなく、むしろ宗教から逸脱する熱狂と狂信を排し、「真の宗教」を把握する方法である。ホッブズが『リヴァイアサン』の第一部、第二部で自然の原理に依拠する理性によって政治学を展開するのにたいして、第三部、第四部では聖書解釈を通してキリスト教的観点をふまえつつ政治学を展開するのは、公定の宗教が曖昧な状況下にあって、平和の構築に寄与すべく理性による聖書解釈を試み、世俗的理性と宗教との実りある相互関係を築くためである。[13]

その典型例がアブラハムの物語を社会契約論と整合的に解釈する方法である。そこでは、宗教は主権にたいして神性な権利を主張しえないと解釈されるとともに、国家が複数宗派の教会に権威を認めることはありえず、個人の信仰の自由は内面でのみ寛容されることになる。これを理解しえない長老派、ピューリタン、カトリックはどれも重要な政治的含意をとり違え、宗教的熱狂によっていわば自然法を犯しているのである。たとえばバプティストの実践は来世での契約に関わることではあっても、この世の契約ではない、とホッブズは言う。[14] また、そもそもキリストは世俗の支配者ではなく、メシアが到来するまではキリストの王国は地上にありえないことを彼は力説する。[15] このようにみてくると結局ホッブズは、エルサレムの問題をアテネの問題に還元してしまっていると言えるだろう。[16]

このような、一方で主権は神の宗教的認識に依拠して成立し、他方で主権こそが神の正しい理性的認識を保証するというホッブズの議論に即するなら、個人が公の場で主権によって定められた宗教（公的祭儀）に従うことに、宗教的意味（来世や啓示や個人的信仰という問題）は薄いと言わざるをえない。それゆえ公的宗教とは、平和を求める神聖な自然法や主権者によって制定された市民法に従うことを意味し、そもそも信心にたいする国家の命令や禁止、あるいは現世での褒章や処罰は、公的安全の面から要請されるのであり、個人の信心にたいしてはなんの効力ももちえない。舌による告白など、外形的な従順を表す他の身振りとなんら異ならないのである。[17] その意味でホッブズの議論は、結果的には、公的領域（自然法とパラレルな公的宗教や教会、国家、主権者による実定法）と私的領域（個人の信仰、経済活動や居住・職業・教育の自由など）[18] を分離する政教分離の理論への一階梯となり、ピューリタニズムと信仰の自由へ道を開くことになった。後にカール・シュミットは『トマス・ホッブズの国家論におけるリヴァイアサン』で、この帰結を嘆いたのだった。

第四節　スピノザにおけるポリフォニックな集合表象としての歴史物語《ヒストリア》

シュミットは、スピノザが『神学政治論』第一九章で、ホッブズの樹立した内外・公私の関係を逆転させることによって、近代自由主義への突破口をひらいた、[19]と評価する。しかしスピノザが敢行したのは、内外・公私の逆転というような単純なものではなく、「歴史物語（historia）」にかんする理論の転換と政治・宗教・哲学の全く異なる関係性の設定である。

スピノザの『神学政治論』において「歴史物語（historia）」は、新約・旧約において語られる諸々の叙述すべてを一般的に指示したり、ヘブライ国家の興亡史や聖書の成立史にかんする知識を指したり、聖書の叙述をヒストリア（主として奇蹟を含む）と啓示（預言）とに区分して使用したりと、近いページのなかでも多様な意味あいで使用されている。[20]ただいずれにしてもスピノザによれば、ヒストリアから得られる知とは歴史的出来事の生起そのものやその事実性にはなく、書物を一定の技法で読み解いた分析結果にある。ヒストリアとはそれ自体がある理性的真理や意図を表明しているわけではなく、言葉（verbum）や徴証《シンボル》（signum）、あるいは感覚、伝聞、読解を介した想起による認識であり、明晰判明な認識とは異なって、民衆（plebs, vulgus）による経験（experientia）に裏付けられて成立する「意見（opinio）」ないし「表象（imaginatio）」の束である。

ではスピノザが行った分析作業とは何であろうか。それは『聖書』に記された言語の特性、文章の曖味さや相互の矛盾、象徴性や読解の多様性、著作者たちの意図や生活や当時の風習、いかなる時いかなる民族によってどんなふうに読まれどんな運命を辿ったか、どんな多様な読みがあり、改ざん・訂正の痕跡があるかなどの事柄の分析であり[21]、その結果彼はまず「著作者」の解体を行った。当時「モーセ五書」の作者はモーセであり、「ヨシュア」「士師」「ルツ」等々の各諸巻もモーセの後継者によってそれぞれ書かれたとみなすのが普通だった。しかしスピノザが『聖書』に見出したものは、テクストの著作者という唯一の主体の意図や意志ではなく、多様な伝承や注釈が反復読解された痕跡である。そこには、エズラのように題材の単一性や帰結に配慮してヒストリアを収集・羅列した者がいた痕跡や、逆に単一の物語（narratio）が僅かな相違のもとに多様な読まれ方をした痕跡など、異なる精神をもち異なる時代に生きた多数の人々によって書かれた痕跡が多数残されていた[22]。

同時にスピノザはそうした無秩序ともみえる反復読解のうちに、ある種の「確実性（certitudo）」や「価値（dignitas）」が成立していく形跡を見出し、それを「数学的（mathematica）確実性」と区別して「道徳的（moralis）確実性」と呼んでいる[23]。「道徳的確実性」とは、まずは啓示や預言の確実性のことであり、それは以下のような三点によって証せられる。①一般人より活発な表象能力（potentia imaginandi）をもち、そのぶん知的認識には適さない預言者が、言葉や形象（figura）で啓示をとらえたこと、②そのことを示す徴証（神の現前の印）を預言者が見出し、場合によってはそれを民に提示しえたこと、③預言者の心もちが公正で善きものへのみ向かっていたことである[24]。さらに彼は、こうした事柄が民によって信じられた時にはじめて預言は成立しえるのだから、預言者の表象能力はヘブライの民の精神や把握力に応じたものでなければならず、また神の徴証は預言者の意見（opinio）や能力（capacitas）に応じたものでなければならないと論じている[25]。それゆえスピノザでは、ヒストリアはある一定の時と場において、民衆と預言者の相互間に、神の啓示、救済、正義、善などの表象をめぐってある種の間主観性が成立した、ポリフォニックな痕跡として分析されることになる。こうしてスピノザにとってヒストリアの読解とは、たんに賢人や政治家が政治社会についての知識や教訓を得るためになされるものではなく、歴史的な集合的表象を読み解く手段なのである。

第五節　スピノザにおけるヒストリアを媒介とした宗教と政治

政治との関連でいえば、スピノザは次のように分析する。すなわち、民衆は、刑罰にたいする恐怖や利益の希望という功利計算によって、あるいは国家への愛や神への敬虔という感情によって、統治権とそれによって設定された法に服従するが、彼らはその服従が成立する必然性という意味での理由は知らない[26]。そして国家における法は、たとえ宗教上の法（公的祭儀の外的形式を含む）であろうとも、統治権の保持者が解釈権をもつ[27]。このようなスピノザの主張は、なるほどホッブズの議論に表面上はかなり近い。しかしスピノザは次の諸点でホッブズと決定的に異なる。

第一にスピノザは、ホッブズが想定したように公的・政治的理性による『聖書』の理性的解釈を「真の宗教」として示す必要を感じてはいない。ヒストリアに潜む「道徳的確実性」は、二千年余の長きにわたり異なる時代や場所を越えて多様な無数の人々によって延々と読まれ続けてきた『聖書』の反復読解を通して現出する、とスピノザは考える。そもそもスピノザによれば、「道徳的確実性」は、公的場面における道徳の基準である。それは民衆に、神の存在や摂理だけではなく、敬虔に品行方正に(pie & honeste)生きている人間はより幸福になれるが、それに反する人間には刑罰が下るといった正しい生活法(vera vivendi ratio)ないしは公共的な生活様式(communis vivendi modus)や、「愛(charitas)、喜び、平安、忍耐、慈悲、善意、誠実、温和、節制」などの徳を教え、理性からの行為と同様の正しい行為を導くのであり、このような点で[28]、「市民生活」や「幸福な生活」のために十分意義を果たしている[29]。今日modus vivendiが「暫定協定」と訳されることから推察できるように、「道徳的確実性」やそこから導き出される生活法は、当時キリスト教諸派の人々が教義や礼拝形式などの違いを越えて平和的に共存するためにとりあえず了解し合った共通の道徳的・宗教的格率とも考えられる。スピノザはそれを「真の信仰」あるいは「普遍的信仰(fides catholica)」というミニマムな信仰箇条にまとめている[30]。

このようにみてくると、民衆によるヒストリアの反復読解は、服従の義務や正義や隣人愛を実践することを人々に教え、統一や平和などの公共上有益な政治的帰結をもたらす、と言えるであろう。しかもスピノザによれば、そうした「道徳的確実性」のような共通了解は、『聖書』とは別のテクストを読んできた文化、あるいは別の儀礼を踏襲してきた文化との間でも成立可能なのである[31]。ちなみにネオ・スピノチストを自称するコノリーが、多元主義的エトスを養う「市民的徳」は、それぞれの異なる信仰を横断する「普遍的徳(general virtues)」であると説明するのは、こうした発想から学んだものであろう。[32]

第二にスピノザに特異なのは、宗教が圧政を招きかねない点を警戒すると同時に、聖書読解を通して得られる「道徳的確実性」が形成されるプロセス自体を自然必然性として信頼する点である。それゆえスピノザは、宗教が圧政の道具に堕すのを防ぎ、人々が「道徳的確実性」に由来する正しい「生活方法」を身につけるために、『聖書』の解釈権や信仰の選択権を各人に与えるのである。通常スピノザの聖書批判の画期的な特色として挙げられるのは、ひとつには、超越的な人格神や奇蹟を拒否するその内在的哲学に即して、自然を読むように聖書を聖書自体に内在的に解釈するという方法であり、もうひとつは、聖書から実践的道徳性を汲み取る庶民が、哲学的理性とは異なる日常言語のレベルで解釈の権利をもつべきことを主張した点である。ランブロプロスによれば、前者がヨヴェルの立場を、後者がレオ・シュトラウスの立場を代表する。しかし、たとえば庶民各人が日常言語で聖書を解釈する権利を有するという主張は、すでにエラスムスなどに見られるものであり、むしろスピノザの独創性は、各人の聖書解釈の限界と市民的・政治的権利の限界が同じであることを提示した点にある、とランブロプロスは論じる。[33]

ただしここでランブロプロスがスピノザから読みとった市民的・政治的権利には注意が必要である。スピノザが、「誰であれ、欲するままに判断し考える自由を放棄することはできず、むしろ各人は最高の自然権によって自らの思想の主人である」[34]と説明している自然権とは、国家やなんらかの政治共同体から公的に認められた権利という意味での市民権ではないし、あるいはまた、行政者が有する公事に関する法と判決の解釈権の限界内にある権利、という意味での権利でもない。スピノザの場合、各人の自然権である「力」は、自然必然性そのものを体現する。それゆえ各人の解釈権が、先に述べたヒストリアを貫徹する自然必然性に棹さすものとなるのは当然であろう。つまりスピノザにとって、『聖書』を解釈する各人の権利とは、ホッブズにおけるように政教分離によって確保された「内面の自由」として成立するものではなく、ヒストリアにおける「道徳的確実性」の形成自体に参画する人々の力を意味する。

第六節　スピノザにおけるヒストリアを内部と外部から切り開く知

最後にスピノザは、「聖書を解釈する真の方法」は何であると考えていたかを確認しておく必要がある。スピノザは「聖書を解釈する真の方法」は、自然を解釈する方法とは全く異ならないと述べているが、(35) それは先にふれたベーコンの「自然史《ナチュラル・ヒストリー》［博物誌］」や帰納法、あるいはホッブズが自然のなかで結果から原因へとさかのぼる、遡及的な因果関係の解明方法とは異なる。スピノザにとって「自然」の必然的法則の解明が、発生の原因から結果の必然性を解明することであるならば、『聖書』に記されたヒストリアがヒストリアとして成立した発生的な「理由・根拠（ratio）」を、『聖書』自体から読解することが「聖書を解釈する真の方法」であることになろう。(36) 聖書解釈の真の方法とは、『神学政治論』の第一五章で展開される議論によって知られるように、『聖書』や神学を理性や哲学で解釈することを意味するのではない。それは、自然的理性つまり哲学によって、ヒストリアの根拠（ratio）を知ることである。[37] 自然的理性にもとづく自然的認識はすべての人間にとって共通であるがゆえに、人々にどんな種類のものであれヒストリアを信じることを要求しない[38]とスピノザが述べるように、ヒストリアの根拠（ratio）の認識によって、ヒストリアにおけるヒストリア性は解除されるのである。

実際スピノザが『神学政治論』の第一六章以降で展開しているのは、たとえば民衆（multitudo）、自然権（権利）、自然法、契約、市民社会（＝国家）、最高権力（主権）、権力分立、民主政といった近代政治学の概念やそれらから組み立てられるいわゆる近代政治理論は、ホッブズが示したような普遍的合理的な政治科学（人間論・認識論を含む）ではなく、民衆が形成する普遍的信仰としてのヒストリア、そしてヘブライ的なナショナル・リベレイションの物語としてのヒストリアと同じ地盤に成立している、という議論である。そもそもスピノザによれば、人々の欲望や愛憎の感情が集積されるうえで、民族（natio）や階級（classis）といった普遍的名（nomen universale）は表象であるにもかかわらず、原因として意識されやすいがゆえに、国家（civitas）の存亡を左右する共同感情（communis affectus）の成立や権力の結集に大きく関わってくる。[39] そのため『神学政治論』の第三章で批判的に検討されているように、『旧約聖書』における神による数々の啓示や預言の「道徳的確実性」が、ヘブライ民族の救いのみを対象としているかのごとく解釈され、ユダヤ民族の時々のナショナル・ヒストリーとして成立したことは、民衆のポリフォニックな欲望や感情のダイナミックな運動による政治的力の集合的生成の法則として、スピノザにとっては「自然」の運動と同様、合理的に把握可能なものなのである。それは後のヴィーコ（Giambattista Vico, 1668-1744）が、歴史は人間によって作られたがゆえに真に認識可能であると主張した、制作的な歴史認識の地平とは全く異なっている。

以上のように、スピノザにおける宗教、政治、哲学の配置は、ホッブズが「エルサレムのアテネへの還元」によって道を開いた、科学的（哲学的）政治論と近代的な政教分離という確立された図式とは異なっている。スピノザの場合、宗教も政治も共にヒストリアの場で展開される表象であり、そこにおいて民衆の欲望の多声性と同一性が複合的な知の表象体系として必然的に発生・連結・展開していく「根拠（ratio）」を認識することは、ヒストリアの内部にあるとともに外部に存在する自然的理性としての哲学的倫理（エチカ）によってなされる。スピノザ哲学が、ヒストリアの内部にあるとともに外部にあることは、まさに内在する超越というスピノザ哲学の特色を示すものであろう。

注

（1）ベーコン『ノヴム・オルガヌム』桂寿一訳、岩波文庫、一九七九年、三七－四四頁。ちなみに当時スピノザと接点のあった地質学者ステノによる自然史の方法とスピノザによる聖書分析の方法との異同については、山田俊弘「ステノとスピノザ：自然の歴史と聖書の歴史」『スピノザーナ』スピノザ協会年報、第三号、学樹書院、二〇〇二年、参照。

（2）Descartes, René, *Principia Philosophiae*, 1644, *Œuvres* VIII-1, ed. par Charles Adam & Paul Tannery, J. Vrin,

1973, pp.80–81（「哲学原理」三輪正・本田英太郎訳『デカルト著作集3』白水社、一九七三年、二三二－五頁）

（3）Thomas Hobbes, *Leviathan, The English works,* Vol.3, ed. by Sir William Molesworth, Scientia Aalen,1962, pp.368–371.（水田洋・田中浩訳『リヴァイアサン』世界の大思想、河出書房新社、一九七六年、二四九－二五一頁）

（4）以上のようなホッブズの歴史把握については、Schuhmann, Karl, "Hobbes's concept of history," in *Hobbes and History,* ed. by G. A. J. Rogers and Tom Sorell, London/New York: Routledge, 2000, pp.5–6, 17 参照。ただし Schuhmann によれば、ホッブズにおいて歴史（historics）の概念や興味は希薄で、historics（historica）について、明示的に述べた数少ない箇所として *De Motu* の冒頭で、言論（speech）の目的を、logic, historics（historica）, rhetorics, poetics 四つに区分し、logic はメタファーのない平明な言語を使用しなければならないのにたいし、historics ではメタファーの使用は許されるものの、その目的は rhetorics のように人々の心を感動させるためのものではなく、道徳的行為のための倫理的原則を人々に知らせるためのものとみなしていたと説明している（Schuhmann, *op. cit.,* p.6）

（5）Hobbes, *op.cit.,* pp.15–16.（邦訳、二二頁）

（6）*Ibid.,* pp.664–665.（同、四五二頁）

（7）ホッブズは「哲学的契約論主義（philosophical contractarianism）」（功利主義）をとるとの前提のもとで議論を展開するが、じつはその背後に、当時盛んだったイングランドの国制にかんする「歴史的契約論主義（historical contractarianism）」が色濃く存在し規定的役割を果たしている点については、Baumgold, Deborah, "When Hobbes needed history," in *Hobbes and History,* pp.37–38 を参照。さらにスキナーの浩瀚な研究が示すように（Skinner, Quentin, *Reason and Rhetoric in the Philosophy of Hobbes,* New York: Cambridge University Press, 1996)、アリストテレスやキケロに発しルネサンスを経由したrhetoricsの方法が、ホッブズの初期の著作から『リヴァイアサン』にいたるまで、彼の政治科学の構築において重要な方法論的・思想的基盤を提供しているとすると、当時優勢だったルネサンス期の人文主義的歴史やレトリックないし深慮は、『リヴァイアサン』における合理的方法とたんに対立するものとは言えないが、ここではこうした問題に立ち入ることはできない。

（8）Hobbes, *op.cit.*, p.460.（同、三一二頁）

（9）*Ibid.*, pp.686-687.（同、四六六－四六七頁）

（10）梅田百合香『ホッブズ　政治と宗教』名古屋大学出版会、二〇〇五年、第一部第二章の3および第二部第二章の1を参照。

（11）ただしホッブズにとって、政治的役割を果たす神は自然科学的認識を考えるさいに要請される「哲学者の神」とは異なる。ホッブズは、永遠に因果連鎖を後ろにたどっていったときに到る永遠の原因には、先行する原因はないが、第一の動者としての神は「永遠に不動」なのか「永遠に動いている」のか、人間はそれについていかなる観念も持ち得ず理性は不十分であるため、それを神と呼んでいると述べている（Lev. p.92, 七二頁）。なおデカルトにたいするホッブズの反論でも同様の見解が述べられている（「イギリスの或る著名な哲学者によって唱えられた第三の反論」『デカルト著作集2　省察および反論と答弁』白水社、一九七三年、二一八－九頁）。ここで言われる神は、人々に神の王国を知らしめその臣民となるための準備を指し示す聖書における人格神とも、またアリストテレス的スコラ主義的な神とも異なる、きわめて自然主義（物体主義）的で唯物論的なものであり、いわばパスカルが「哲学者の神」と名づけた哲学的神としての「新しい科学」に他ならない。神からの啓示は、人々の自然的理性の行使や科学的な議論に介入すべきではないが、科学的判断の進展を正しく基礎付けるのは、神の不可知性という懐疑であり、ホッブズの議論は、当時の懐疑思想の台頭の流れのなかにあり、モンテーニュの懐疑主義の立場をさらに徹底させたとみることができる（リチャード・タック『トマス・ホッブズ』田中浩、重森臣広訳、未來社、一九九五年、一七二頁）。

（12）Hobbes, *op.cit.*, pp.147, 378, 411.（同、一〇七、二五七、二七八頁）

（13）State, S.A.,"The religious and the secular in the work of Thomas Hobbes," in *Religion, Secularization and Political thought: Thomas Hobbes to J.S. Mill*, edited by James E. Crimmins, London/New York: Routledge, 1989, pp.27–28.

（14）Hobbes, *Leviathan*, p.449.（同、三三八頁）

（15）*Ibid.*, pp. 477-478.（同、三三三－三三四頁）

（16）State, *op.cit.*, pp.18, 31, 35.

（17）Hobbes, *op.cit.*, p.493.（同、三三四頁）

（18）*Ibid.*, p.199.（同、一四二頁）

（19）Schmitt, Carl, *Der Leviathan in der Staatslehre des Thomas Hobbes: Sinn und Fehlschlag eines politischen Symbols*, Hamburg: Hanseatische Verlagsanstalt, 1938, S.86（長尾龍一訳『リヴァイアサン　近代国家の生成と挫折』福村出版、一九七二年）

（20）スピノザの *Tractatus-Theologico-Politicus* については、Gebhardt 版 *Spinoza Opera*（Carl Wintes, 1925）の当該箇所と畠中尚志訳『神学政治論』（岩波文庫）の邦訳頁数を、略記号 TTP を使い、注記する（TTP, C.7, pp.98–99, 上二三四－二三七頁）。ただしその言葉の意味は厳密には一定ではない。初期の著作では、ベーコンやデカルトによる規定と同様、自然の諸現象の記述として、historia は用いられている。Spinoza, Baruch de, *Renati Descartes Principiorum Philosophiae, Pars I & II./Cogitata Metaphysica, Spinoza Opera,* Bd.1, P.3, p.226（『デカルトの哲学原理　附形而上学的思想』畠中尚志訳、岩波文庫、一九五九年、一五〇頁）。

（21）TTP, C.7, pp.100–102, 上一三八－一四一頁

（22）TTP, C.8, p.126, 下一七頁；C.9, p.129, 下二三頁

（23）TTP, C.2, p.30, 上九一頁

（24）TTP, C.1, p.17, 上六一頁；C.2, pp. 29–31, 上八八－九三頁

（25）TTP, C.2, p.32, 上九四頁；C.14, p.173, 下一一八頁

（26）TTP, C.17, p.202, 下一九一－一九二頁

（27）TTP, C.17, p.228, 下二四八－二四九頁

（28）TTP, C.5, pp.77-80, 上一九一－一九七頁：C. 14, p. 173, 下一一九頁

（29）TTP, C. 4, p.61, 上一五七頁

（30）TTP, C.14, pp.174–177, 下一二〇－一二七頁

（31）TTP, C.5, p.76, 上一八七頁

（32）Connolly, William E.,"Pluralism and Faith," in *Political theologies: Public Religions in a Post-secular World,* edited by Hent de Vries and Lawrence E. Sullivan, New York: Fordham University Press, 2006, pp.280–281, 285.

（33）Lambropoulos, Vassilis, *The Rise of Eurocentrism: Anatomy of Interpretation,* Princeton, N.J. : Princeton University Press, 1993, pp.22–23.

（34）TTP, C. 20, p. 240, 下二七四頁

(35) TTP, C.7, p.98, 上二三四頁

(36) この点については、河井徳治『スピノザ哲学論攷』創文社、一九九四年、第五章第一節、第一〇章第二節、第一二章参照。

(37) それゆえスピノザは、「自然の永遠の諸法則から必然的に生じる自然の秩序」が「神の摂理」に他ならないことは『聖書』の教えであると述べ（TTP, C.6, p.82, 上二〇一頁）、そうした分析方法を理性ではなく『聖書』そのものによって根拠づけている。本章とは異なった視点からではあるが、Lauxもスピノザにおける歴史性（historicité）が表象と理性の相互作用から成り立っているとみなしている（Laux, Henri, *Imagination et Religion chez Spinoza: La Potentia dans l'histoire*, Librairie Philosophique, J. Vrin, 1993, pp.288-289）。

(38) TTP, C.4, p.61, 上一五六頁

(39) *Ethica Ordine Geometrico demonstrata, Spinoza Opera*, Bd. II, P. 3, prop.46, p.175（畠中尚志訳『エチカ――倫理学』上・下、岩波文庫、一九五一年、改版一九七五年、上二一六頁）; *Tractatus-Politicus, Spinoza Opera*, Bd. III, C.4-4, p.293（畠中尚志訳『国家論』岩波文庫、一九四〇年、改版一九七六年、五二頁）

第五章　コスモポリタン・デモクラシーと理性 vs. 啓示の争い

――〈理性の公的使用〉にみるカントの政治的判断力[1]

日本の知識人は、一九世紀後半の明治期以来今日にいたるまで、ドイツの哲学や思想に深い憧憬と敬愛の念を抱いてきた。特に政治思想についていえば、日本の戦後民主主義者や大学人は、ホッブズ、ロック、ルソーといった近代的社会契約論を、そしてそれを支える道徳的な主体形成論として、カント倫理学をおおいに参照してきた。アジアの一地域である日本人社会は、カントの思想と比較的幸せな出会い方をした。そうした出会いは、カントのコスモポリタン・デモクラシーの理念のひとつの具体例であると言えるかもしれない。

しかし現在世界には、カント的な思想とは疎遠な、あるいは敵対的な社会が多数存在している。近代啓蒙主義的な理性や人間の自然権・人権、また共和政やコスモポリタン・デモクラシーなどとは異なる道徳や政治秩序に従って生活している人々と、欧米的世界観をもつ人々とは、どのような理念とプロセスによって平和共存の関係を樹立していくことができるのだろうか。現代におけるこのきわめて重要な課題にたいして、カントの思想のなかに、どのような有効な展望と処方箋が見出されるのだろうか。これは哲学と宗教、また理性と啓示は闘争せざるをえないのか、あるいは共存可能なのか、共存可能であるならば、それはどのようなかたちで可能なのかという問題であり、さらには近代的な市民公共体と宗教共同体はどのようにして共存可能なのかという問題でもある。本章では、カントにおけるこのような理性と啓示をめぐる問題を、レオ・シュトラウスが『スピノザの宗教批判』の「序文」で行ったリベラル・デモクラシー批判との関連から検討したい。

第一節　カントにおける理性と啓示との「闘争的共存」

カントにおいて、理性ないし哲学と啓示ないし宗教とは、共存（Eintracht）と闘争（Antagonismus）という相矛盾する関係にある。カントは、宗教の信仰教説に含まれる本質的なものと、偶然的なものあるいは歴史的なものとを区別する。[2] 宗教の本質的なものとは、普遍性（Allgemeinheit）、唯一性（Einheit）、必然性（Notwendichkeit）といった、理性的なものであり、それにもとづく行為は、実践理性にもとづく行為と客観的には区別がつかない。他方、啓示は偶然的であり、純粋理性の外部にあり、普遍性をもちえないものが含まれているにもかかわらず、それは各人の信仰の感性的な拠りどころになっている。このように宗教は、偶然的・歴史的な要素も備えているからこそ、時代状況や人格が異なるにもかかわらず、それぞれの具体的な違いに応じて、実践理性の道徳的命令に近い役割を果たすことができる。人間は啓示にもとづく信仰教説を通じて、人間の悪の起源や人類の悪しき状態からの脱却、また人間が善の状態にあるか否かといったことについて理解し、道徳的に判断をくだし実践する方法を身につけることもできる。それゆえ理性にとって宗教は、共存可能であるばかりか、みずからを補完するために必要なものである。そしてその宗教教義や教会信仰（Kirchenglauben）や宗派（Religionssekte）は、啓示の歴史性・偶然性を反映して多様であるがゆえに、その補完的役割を果たすことができる。しかしカント自身は、宗教の多様性を本来あるべきこととして認めていたわけではない[3]。カントにとって、本来の意味で宗教と呼ぶに値するのは、普遍妥当性（Allgemeingültigkeit）を合理的に要求しえる実践理性信仰（praktischer Vernunftglauben）だけなのである[4]。

この宗教の多様性という問題の理性的な解決については、政治的公共体との関係から論じられることになる。カントによれば、宗教は各人の心の救済という私的な事柄であるから、他人や政府の妨害から、各人の宗教の自由は保護される必要がある[5]。しかし同時に、政治的公共体の本来的な成員は、定言命法による普遍的格率を動機づけとして意思決定を行うことのできる自律的主体であるべきだから[6]、宗教にはたんなる私事にとどまらない面もある。普遍性を欠いた宗教における「未成年状態」こそもっとも有害でもっとも恥ずべき状態なのであり[7]、理性が普遍妥当性要求を掲げ、啓示宗教にたいして常に合理的批判と論争を行うことは、次のように市民公共体が「目的の国」に近づくための啓蒙のプロジェクトの重要な一環なのである。「宗派分裂……について、多種多様な宗教（本来は、一つの国家における複数の種類の教会信仰）が存在するのはよいことだ、とよく言われる。それは、よい徴であるかぎり、つまり国民（Volk）に信仰の自由が認められたことを示す徴であるかぎり、正しいことでもある。しかしそれは本来政府にたいする賛辞にすぎない。宗教が公にそのような状態にあるのは、それ自体ではやはりよくないことである。……宗教に宗派の相違があるということは、宗教の（したがって見えざる教会の）唯一性と普遍性に真っ向から反するものなのである。それゆえカトリック教徒とプロテスタント教徒は、啓蒙されるなら……おたがいを同信者とみなしうるようになるだろう」[8]。

もちろんカントが道徳的公共性を高めるために、理性の主要な闘争の相手としているのは、位階制や非合理な教義に固執する正統派や反政府的な神秘主義などの、キリスト教諸派である。それにもかかわらずカントによれば、神をもっとも適切な形式で表象しているのもまた、すべての人間の救済と福音を対象にするキリスト教である。他方ユダヤ教やイスラム教は、ある民族に限定された教えであり、歴史的・偶然的に定められた規約や行動の規則に固執するという点で、特殊的・外面的な教会信仰にすぎない。とくにユダヤ教は、学問的に愚昧な教師が示した規約や生活習慣に従う民族宗教であり、キリスト教成立後はその進化を停止し、みずからの国家を形成しえなくなった時点で民族宗教の意味さえ失いつつあるとみなされている[9]。実のところカントは、ユダヤ民族が「古き祭祀（Kultus）」を捨てて、ユダヤ教が「安楽死」することを歓迎しているようでさえある[10]。

ともあれ、このような理性と啓示の争いは、ひとつの共通する究極目的に到達するまでは、けっして「友愛にみちた和解（amicabilis compositio）」に達することなく続けられるべきものなのである[11]。

第二節　偽装された普遍主義？――カントとユダヤ人問題

以上のような、各種宗教のなかから普遍的信仰（catholicismus）ともいうべき普遍妥当性を抽出し、理性と啓示宗教との一致を道徳的確実性のうちに見出す見解や、イエスを救世主ではなく人類の教師とみなし、キリスト教の人類的な普遍性とユダヤ教の民族的な特殊性とを対置する見方を、カントはスピノザから学んだと言われている。ただし、カントの主張とは異なり、スピノザの『神学政治論』（*Tractatus Theologico-Politicus*, 1670）では、真理と自由を基準とする理性と、敬虔と服従を基準とする啓示とは、真理性の基準と領域をまったく異にするため、相互に裁きあったり領域を侵犯しあったりすべきではないということが強調されている。ここではスピノザとカントの哲学上の相違から帰結するこの溝については触れず、カント的理性と啓示宗教とのアンビヴァレントな出会いが、ユダヤ人問題をめぐって起こったことを確認しておきたい。

ドイツでは、ナポレオンの革命軍の進撃以来、紆余曲折を経ながらもユダヤ人のゲットーからの解放と市民権獲得による政治的平等がしだいに進展し、それに大きく寄与したのは政教分離や法のもとでの自由・平等といった理念を主導した啓蒙主義哲学であった。それ以前からユダヤ教の側にも、メンデルスゾーンのような啓蒙思想家が現れ、ユダヤ人ゲマインデにおける政教分離や、居住する「国家」におけるユダヤ人への平等な市民権の付与を要請すると同時に、ユダヤ人にたいしてはそれに相応する市民的道徳や啓蒙を求めた。カントとメンデルスゾーンは思想的な一致を相互に認め合っているが、その背景には理性と啓示のアンビヴァレントな出会いがあった[12]。啓蒙思想の洗礼を受けたドイツのユダヤ教改革運動は、カントが示唆したように、ユダヤ教の信仰と歴史が理性宗教、道徳宗教であることを証明することに熱中し、実際におびただしい数の西欧ユダヤ人が、キリスト教へ改宗し、同化したのである。ユダヤ教を破門されながらキリスト教に改宗せず、コスモポリタンとして生きたスピノザの思想が、当時、西欧的理性に魅了されたメンデルスゾーンのような同化ユダヤ人たちだけではなく、多くのドイツの思想家たちにも注目された理由を、こうした歴史的背景抜きに語ることはできないだろう。

こうして西欧的キリスト教文化と伝統的ユダヤ教文化の双方は、互いに刺激・融合しあい、カントがめざすコスモポリタン・デモクラシーへの道が大きく進展していくように見えた。しかしユダヤ人問題は、結局のところ解決しなかった。それどころか平等な市民権が国家によって形式的に保証され、同化が進むにつれて、逆に社会的領域におけるユダヤ人差別は激しさを増したと言われる。その後複雑な経緯をへて、すでにユダヤ教徒でもなく、ユダヤ人の自己意識さえもたなくなった人々にたいして、ユダヤ人であることが法的に強制されるようになり、最終的にはホロコーストへと至ったのである。

こんにち、こうした歴史的経緯に着目する研究者のなかには、宗教にかんするカントの普遍主義的見解を、レイシズムではないにせよ、「形而上学的反セミティズム」とみなす人々も存在する[13]。彼らの診断によれば、特殊な差異には本来無関心であるべき実践理性信仰による普遍妥当性の要求が、実際には伝統的キリスト教と世俗的近代国家との仲介に大きな役割を果たしてしまっただけではなく、それに付随して進んだユダヤ教（人）のステレオタイプ化が、逆に宗教的反セミティズムないしは政治的反セミティズムと結びついてしまったのである。

しかし、そもそもカントの実践理性信仰は、既存の共同体や国民国家や宗教の相違を超えた普遍妥当性要求そのものの定式化である。したがって、それが実は普遍主義的な装いをまとったキリスト教的特殊利益の要求であると非難したところで、このような非難が別の特殊利益の立場からなされる限りでは、そしてまた、より普遍的・道徳的な別の格率が合理的に提示されない限りでは、カントにとっては無意味な批判である。「自己自身のうちなる裁判官にしたがい」、「信仰について自分自身が確信している以上のことを述べ立て、それを信仰箇条として他人に押し付けたりしない」という良心の誠実さ（Aufrichtigkeit）と寛容の原理が守られるべきであるならば[14]、カントがみずからの実践理性信仰を誠実に述べたからといって、そのこと自体は非難に値しない。

しかし他の信仰をもった人々（カントにとってみれば啓蒙の途上にある人々）の目には、実践理性信仰はどのように映ったのだろうか。そして理性と啓示のアンビヴァレントな出会いは、どのような結果を生んだと診断されるのだろうか。ここで代表的なひとつの歴史的証言として、二〇世紀初頭にドイツで生まれ育ったユダヤ人の政治哲学者レオ・シュトラウスの叙述を引こう。シュトラウスは、正統派ユダヤ教徒として育てられ、ヴァイマール時代にマールブルク、フランクフルト、ベルリン、ハンブルクの各大学で学び、フライブルク大学やユダヤ主義研究所で働き、ナチ政権下でアメリカに亡命するという経歴をたどった。彼が一九二五年から一九二八年にかけて書いた『スピノザの宗教批判』に付された英語版序文（一九六五年）では、フランス革命以降のドイツにおけるユダヤ人が、カント的な普遍的ヒューマニズムとコスモポリタン的なリベラル・デモクラシーにどれほど熱い期待をかけたかが明らかにされている。ドイツにおけるユダヤ人の多くが、「リベラル・デモクラシーでは、普遍的な人間の道徳性こそ社会の紐帯であり、宗教（実定宗教）は私事[15]」であるという原則を真摯に信じてドイツ文化に同化したのであり、「ドイツのユダヤ人はユダヤ教の信仰をもったドイツ人のことである、つまり、ドイツのユダヤ人はキリスト教の信仰をもったドイツ人や、信仰をもたないドイツ人に劣らずドイツ的であると信じていたのである[16]」。

この「序文」でシュトラウスは、その後の一九世紀後半以降のドイツにおける思想動向の総括を簡潔かつ用意周到に行っているが、ここで注目したいのは、彼が出した次のような結論である。すなわち、人間本性のうちで議論を通じて到達される哲学的理性や法と、人間本性の外から絶対的な神の経験によって示される啓示や法とは、相互に相容れない価値に立脚するものであり、それゆえ世俗的理性の優位を前提とし啓示宗教を批判しても、コスモポリタニズムが生まれるわけではなく、別の信仰が選択されたにすぎない。シュトラウスのこのような論理に従うなら、カント的コスモポリタニズムは、結局は、あれかこれかの道徳的価値や信仰の実存的な選択肢の一つに帰着することになる。そしてシュトラウス自身は、伝統的ユダヤ教の啓示の立場を選択したのだった。

第三節　啓示にたいする理性の闘争の制限とルール

ではカント自身は、こうした理性と啓示との不幸な出会いと混迷を予知しなかったのだろうか。おそらくそうではないだろう。それはカントが、理性に依拠した争いの場と様式をきわめて慎重に限定しているからである。この点についてのカントの見解は今日積極的に評価されることはあまりない。しかし、一国の国民国家体制の枠を超えてさまざまな国家や共同体と共存しつつコスモポリタン・デモクラシーを作り上げるという課題に直面しているいま、逆にカントが行ったこの限定にこそアクチュアリティが見出されるべきである。

まず、理性的討論の場と様式の制限に関するカント自身の見解を確認してみよう。彼は、次に引用する有名な一節で、理性の公的使用（der öffentliche Gebrauch）と私的使用（Privategebrauch）を区別した。「ここで私が理性の公的使用というのは、ある人が学者として、一般の読者全体の前で彼自身の理性を使用することを指している。また私が理性の私的使用というのは、その人が任じられている公民としての地位もしくは職にある立場において、彼自身の理性を使用することが許される場合である」。そして「上官から、何かあることをなせ、と命じられた将校が、勤務中であるにもかかわらず、その命令が適切であるかどうかなどとあからさまに議論しようとするならば、それははなはだ有害であろう。彼はあくまで服従せねばならない[17]」。

この箇所からは、かつてカントを愛読していると述べたアイヒマンの解釈にアーレントが唖然としたように、ドイツの国法と上司の命令にひたすら従うことがカントの言う道徳律だ、といった極端な曲解や誤用が生じたことさえある。このような誤解を解くために明記しておかなければならないのは、カントにとって思想や言論の自由は、個人の政治的権利ではなく、またそれ自体に道徳的意義があるわけでもないという点である。彼によれば、各人が自己の私的利益や幸福と結びつけて理性を使用し、無制限な政治的党派活動をすることは、公共的理性の形成にとって有害であり、むしろ公的目的のためにそうした理性使用を法的・政治的に規制することが、啓蒙の条件なのである。したがってたとえば検閲は必要であり、政府の権威を転覆するような活動は死刑に値するというカントの考えも、公共的理性の形成に役立つか否かという観点から理解すべきだろう。

このような理性使用の制限に関するカントの議論の展開を見るうえで参考になるのは、どのような方法やルールで「学者公共体」が真理をかけた公開的論争を行うべきかを論じた『諸学部の争い』（一七九八年）である。まず「上級学部」といわれた神学部、法学部、医学部の各々において教えられる内容は、みずからの理性によってではなく、聖書、国法、医療法規というそれぞれの外的な立法者の命令によって決定されたものであり、政府の関心や利害に大きく依存したものである。それにたいし「下級学部」と呼ばれた哲学部は、自らの教説にかんして政府の命令から独立であり、命令を出す自由はもたないが、「真理の利害関心」によってのみ、すべての教説を吟味する自由、つまり「実践理性のためになるよう解釈し」「その意味を決定する優先権」をもっている。[18] したがって哲学部は、神学者が理解する聖書の超自然的啓示や恩寵を、理性によって吟味し、歴史的信憑性や道徳的意味を判断する権能をもつ。[19] また哲学部は、立法権の指令に従う法学部にたいし、憲法が人間の自然権と合致しているか否か、立法意志が普遍的な根源的契約に合致しているかどうか、各法令が合法的か否かを、理性により吟味・証明する権限をもつ。[20] このように哲学部は、下級といわれているにもかかわらず、「この争いにそなえて常に武装していなければならない学部」[21]であり、「自律によって判断する能力」を通じて教説や法令を吟味することで、上級三学部を統制するという有用な役割を果たすのである[22]。

しかしカントは、「学者公共体」における争いが「市民公共体（bürgerliches gemeines Wesen）」の面前で政治闘争と結びつけて行われることには否定的であり、立法権の正当性や政府の正統的権威を超えた「違法な争い（gesetzwidriger Streit）」が、無政府状態や革命を引き起こすことを厳しく戒めている。上級三学部は、聖職者、法務官、医者といった実務家に、政府から委託された公の教説を与えるという役割を担っているのにたいして、哲学部はその公の教説そのものの正しさを吟味することを自らの任務としている。それゆえ哲学部の理性による闘争の影響は、「市民公共体」に直接に及ぶものであってはならず、もっぱら諸学部の争いを通した間接的なものに限定されなければならない[23]。そしてこの「学者公共体」内部での争いが政府から危険視されることがないように、カントは、大多数の国民は、みずから努力して理性の支配に従うよりも自分の傾向性や自然的目的に従う場合が多いため、官吏や聖職者や医者に指導されるほうを望むものであり[24]、諸学部間に限定された「学者公共体」の争いが国民の間にまで広がり、その結果、合法的政府の権威の失墜や国民の無政府状態が引き起こされるようなことはない[25]、と重ねて強調する。

このようにカントが、市民的公共性に期待をかけず、公共的な議論を「学者共同体」に限り、しかもそれを実定法的な合法性や宗教的・政治的正統性の範囲内に限定していることは、現代では一般的に否定的に評価される。日本の政治思想研究においても、カントのリベラリズムは、英仏の社会契約論に比して、ドイツの後進性を反映しているとみなされてきた。あるいは、それはカントが公的な検閲下において可能な範囲内で、偽装した叙述方法をとらざるをえなかったからだとか、摂理という歴史哲学的な制限を設定していたからだ、といった釈明もなされてきた。しかしこうした理解は正しいと言えるのだろうか。

第四節 「真理」をかけた闘争としての政治の回避

今日では、こうしたカントにおける理性の公的使用と私的使用の区別や制限という歴史的限界を批判し、その限界を打ち破ろうとする理論的試みが数多く見られる。たとえば、このように理性の闘争を限定するカントの見解は、現代の欧米で議論されている市民社会論やラディカル・デモクラシーの考え方とは対極にある。カント的な理性と啓示の論争を、あるいは理性と実定法の論争を、市民社会に解放していこうとするラディカル・デモクラシーの主張には、論争の場として西欧の市民社会を想定する場合には、もっともな面もある。たしかに公的領域と私的領域との間の境界線は、ある社会構造において歴史上偶然に引かれたものにすぎず、普遍的な道徳や真理を相互の討論と合意によって根拠づけようとする人々の批判や活動が、両領域の区分を超えて展開されるにつれて、法治国家の合法性や正当性さえ、批判の対象になるだろう。またカント自身が考えていたように、個々人の自己決定、普遍的な道徳律、政治的な立法意志という三者が、漸進的に一致していかなければならないのであれば、それに対応して現代では学者共同体だけではなく、市民社会に公的な議論の場が設定され、啓蒙されつつある公衆が積極的に政治的決定と立法過程に参加することを保障するようなルールや制度が必要になるだろう。たしかにそうした考え方は私たちのコモン・センスにかなっているだろう――ただしそれは「私たち」のコモン・センスにすぎない。西欧的理性と啓示の民との平和的共存という今日的課題を考えようとする場合、カントから学ぶべきことは、むしろ理性と啓示の争いを、どのように慎重に限定すべきかという点にあるのではないだろうか。理性と啓示の闘争と共存を考えた場合、カントのリベラル・デモクラシーの「限界」と考えられている側面が、思いがけず有効な観点を提示しているように思えるのである。

イスラームをはじめ、西欧的理性を基軸とした文化とは異なる文化をもつ地域の人々のなかには、カント的な理性とグローバル化しつつあるリベラル・デモクラシーにたいして、かつてユダヤ人がそうであったように、解放への大きな期待をよせる人々も多い。また実際にそれらが政治的・社会的な解放を大いに促進する可能性もあるだろう。しかし、啓示的真理を奉じる共同体の人々に、西欧的理性がもつ普遍性や合理性、そしてそれにもとづく公共体の平等性や平和の意義を、議論を介して伝えようとする場合、カントが慎重に定式化したように、公的な理性使用は、相手方の正義や合法性、政治権力の正統性や権威の根拠を尊重し、それを損なうことのない範囲へと限定されなければならない。もちろんアメリカのような軍事介入は言語道断だが、たとえ理性的討論による介入であるとしても、相手方の共同体の道徳性を破壊し、公衆の無政府状態を引き起こすような争いや介入の仕方は避けるべきだろう。またたとえば「真理」と尊厳を最終的には暴力によってでも守るという教義を有する人々に、たとえ言論によってであれ「真理」を掛け金に争いが挑まれた場合、彼らが暴力に訴える可能性は否定できない。したがって、論争的態度や論争自体を他の文化地域や社会に無神経にもちこむことがないよう、介入の限界と様式を定める慎重な政治的判断が必要である。

最後に、第二節でふれた、シュトラウスが提起したリベラル・デモクラシーの問題に戻ってみよう。シュトラウスは『スピノザの宗教批判』の「序文」で、カント的なコスモポリタニズムやリベラリズムの原理的限界を、ユダヤ人問題との関係から次の二点にまとめている。ひとつは、結局ユダヤ人は私的領域における自己の信仰と西欧的理性に従う公的領域とに引き裂かれ、アイデンティティの矛盾に苦悩せざるをえなかった、という点である。もうひとつは、リベラリズムが私的領域における差別や道徳的な崩壊に無力だという点である。第二の点について、シュトラウスは次のように述べている。「リベラルな国家においては、そのユダヤ人市民を「差別」しないことと同じくらい、ユダヤ人への個人による、あるいは集団による「差別」を防止することが憲法上不可能であり、国家は差別解消に消極的であることも確実なのだ。こうした意味での私的領域の承認は、私的な「差別」を許容し、これを保護し、つまるところ助長する。ユダヤ人問題を解決するには、あらゆる種類の差別の法的禁止が必要となり、それは私的領域の放棄にほかならず、したがってリベラルな国家の破壊を意味する(26)」。

しかしはたしてユダヤ人差別が解消されなかったのは、シュトラウスが語っているように、カント的理性によるコスモポリタニズムが無力なもので、その標榜する普遍性とリベラル・デモクラシーが私的領域に及ばず、道徳性が腐敗したからなのだろうか。シュトラウスの批判とは裏腹に、カント自身は、学部間の公開された自由な討論の場に公衆の理性使用が限定されない場合、私的領域や市民社会で繰り広げられる真理をかけた政治的争いが各人の私的意図や傾向性と結びつき、哲学部も市民公共体もともに決定的な崩壊におちいるとみなしている(27)。そもそもカントは、各人の自然的欲望や私的幸福と結びついた政治的領域における「道徳」を、否定的にしか評価していない。それどころか、かりに政治的領域に「真理」や普遍的道徳をめぐる争いが導入されたとしても政治は道徳化されることはなく、逆に道徳が政治化され、自己自身を啓蒙し変容する個々人の力や生活が政治的領域における権力作用に直接からめとられてしまうとカントは考えていたのではないだろうか。そのような生活は、既存の実定法に強制的に従わせられる生活とは比較することもできないほどの服従と恐怖の生活となるだろう。カントはこうした事態を、きわめて鋭敏な政治的判断力によって洞察していたのではないか、と思われるのである。

このようなカント理解に立つなら、シュトラウスの提起した問題は、むしろ次のように考えることができるのではないだろうか。すなわち、シュトラウスの診断とは異なり、カントのコスモポリタニズムがその普遍性を強力に発揮したからこそ、かつてカントが慎重に設定した公私の制限は突き崩され、各人の市民生活が「真理」をめぐる政治闘争へと全面的に駆り立てられたのであり、その結果、カントが憂慮したように、自然的欲望や私的幸福と理性が奇形的に、あるいは逆転して結びつくことになり、道徳性の崩壊を招いたのではないか、と。カント的な普遍主義は形式主義的であるがゆえに最も強力でありかつ最も無力であるということを十分に自覚しないかぎり、すべての者の政治的解放にとって強力でかつ平和的な武器であったものが、どの時点で強者の権力と弱者の差異の双方にたいする無関心へと転換してしまったのか、また至高の道徳性であったものが、どの時点でもっとも悲惨な破壊と抑圧の口実になったのかを見極めることはできないだろう。私たちもカントと同じく、「すでに啓蒙された時代」に「目的の王国」を生きているのではなく、まさに「啓蒙されつつある時代」を生きている。歴史のなかで甚大な犠牲と努力が払い続けられてきたにもかかわらず、二〇〇年前にカントが取り組んだ理性と啓示をめぐる問題と同様の状況に、相変わらず私たちが直面していることは、カントの偉大さと問題の困難さを痛感させる。

注

（1）本章は二〇〇四年十二月に開催されたシンポジウム「世界市民と国際秩序の再検討――カント没後二〇〇年にあたって」（於京都ドイツ文化センター）での報告「コスモポリタン・デモクラシーと理性 vs. 啓示の争い」にもとづき、加筆・修正したものである。このシンポジウムに招待してくださった大阪のゲーテ・インスティトゥート、およびコーディネーターを務められた三島憲一先生、そしてシンポジウム開催にご尽力くださった、京都ゲーテ・インスティトゥートをはじめとするすべての方々に、この場を借りて厚くお礼を申し上げる。

（2）Kant, Immanuel, *Der Streit der Fakultäten*, hrsg. von Klaus Reich, Hamburg: Felix Meiner, 1959, S.5.（角忍・竹山重光訳「諸学部の争い」『カント全集一八　諸学部の争い』岩波書店、二〇〇四年、一三―一四頁）。

（3）*Idid.*, S.45.（同、六七頁）。

（4）*Idid.*, S.48.（同、七一頁）。

（5）Kant, Immanuel, Beantwortung der Frage: Was ist Aufklärung?, in: *Was ist Aufklärung?: ausgewählte kleine Schriften*, hrsg. von Horst D. Brandt, Hamburg: Felix Meiner Verlag, 1999, S.140-142.（福田喜一郎訳「啓蒙とは何か」『カント全集一四　歴史哲学論集』岩波書店、二〇〇〇年、三〇－三二頁）。

（6）Kant, Immanuel, *Grundlegung zur Metaphysik der Sitten*, hrsg. von Karl Vorländer, Hamburg: Felix Meiner Verlag, 1965, S.56.（平田俊博訳「人倫の形而上学の基礎づけ」『カント全集七　実践理性批判・人倫の形而上学の基礎づけ』岩波書店、二〇〇〇年、七〇－七一頁）。

（7）Kant, Beantwortung der Frage: Was ist Aufklärung?, S.142.（邦訳、三二頁）。

（8）Kant, Immanuel, *Der Streit der Fakultäten*, S.49.（邦訳、七二－七三頁）。

（9）*Idid.*, S.62.（同、八九頁）。

（10）*Idid.*, S.50.（同、七三－七四頁）。

（11）*Idid.*, S.27.（同、四五頁）。

（12）ただしカントとメンデルスゾーンの啓蒙のプロジェクトには、根本的なズレが存在したこともまた事実である。カントは、メンデルスゾーンが議論によって合理的にユダヤ教を純化しようとしたことを優れた功績と評価しながらも、律法の立場を廃棄しなかったことには批判的である。Kant, *Der Streit der Fakultäten*, S.50, Anm.（邦訳、七四頁）。

（13）たとえば、次の文献（特に第一章 "Positing the Immutability in Religion: Kant"）を参照のこと。Mack, Michael, *German Idealism and the Jew: The Inner Anti-Semitism of Philosophy and German Jewish Responses*, University of Chicago Press, 2003.

（14）Kant, *Der Streit der Fakultäten*, S.6.（邦訳、一五頁）。

（15）Strauss, Leo,"Preface to the English Translation", in *Spinoza's Critique of Religion,* New York: Schocken Books, 1965, p.3.（高木久夫訳「『スピノザの宗教批判』英語版への序文」『スピノザーナ』第一号、学樹書院、一九九九年、七五頁）。
（16）*Idid.*, p.4.（邦訳、七六頁）。
（17）Kant, Beantwortung der Frage: Was ist Aufklärung?, S.137-138.（邦訳、二七－二八頁）。
（18）Kant, *Der Streit der Fakultäten,* S.11-12, 22, 33.（邦訳、二六－七、三九、五三頁）。
（19）*Ibid.*, S.15-17.（同、三二－三三頁）。
（20）*Ibid.*, S.17-18, 90-91.（同、三四－三五、一二四頁）。
（21）*Ibid.*, S.27.（同、四六頁）。
（22）*Ibid.*, S.20-21.（同、三八頁）。
（23）*Ibid.*, S.27-29.（同、四五－四七頁）。
（24）*Ibid.*, S.23-25.（同、四〇－四三頁）。
（25）*Ibid.*, S.28-29.（同、四六－四七頁）。
（26）Strauss,"Preface to the English Translation," p.6.（邦訳、七九頁）。
（27）Kant, *Der Streit der Fakultäten,* S.24-26.（邦訳、四二－四四頁）。

第Ⅲ部　ヴァイマール期から現代にいたる政治と宗教の問題

第六章　政治的公共圏と歴史認識
――アーレントにおける「光の物語」と「闇の記憶」

第一節　歴史の「事実」と歴史の「意味」

「闇の記憶」への回帰という歴史認識

近年日本では、歴史認識のあり方、とくに先の第二次大戦の記憶のあり方と密接に関連づけてアーレント解釈を論じることが、アーレント理解の焦点の一つとなっている。半世紀近く前にアーレントは、全体主義とは、歴史における経験や現実を完全に根絶させ、事実の書きかえと自由勝手な「正しい」リアリティの樹立を可能にした史上はじめての体制であり（OT, p.470f. 二八七頁以下）[1]、ポスト全体主義の現代とは、歴史的な記録、証言、モニュメントが全く信憑性と力を失い、現代技術とマスメディアによる歴史の偽造にいっそう拍車がかかった時代である（BPF, p.330f. 三四三頁以下）[2]、と警告していた。ところが幸か不幸か、戦後の冷戦構造とそれにともなうイデオロギー対立の構図が、歴史的事実の証言や検証を本質的なところで封じこめ、歴史認識を一定のイデオロギーの枠組みのもとに固定化したため、アーレントが提起した歴史認識の本質的な瓦解や偽造という事態の深刻さは、十分自覚されないまま時は推移した。社会主義諸国と冷戦構造の崩壊を経験した現在に至って、ようやく人々は、歴史の語り方の混迷に気づき、アーレントが発した問いの前に再び引き戻されたかのようである。いったい私たちは、アーレントからどのような歴史認識の方法を学ぶべきなのか。本章は、アーレントにおける歴史認識の方法を政治との関連で論じることを目的としている。

一般にアーレントは、古典ギリシャに範をとった政治的な公共性の再建を主張した政治哲学者として知られ、彼女の『カントの政治哲学講義』にみられるように、歴史上の事件の認識を政治的領域における判断力の問題として考察したとみなされる。しかし私見によれば、こうした把握は一面的であり、アーレントが、政治的領域とは区別した「真理」や「思考」の活動性が、歴史の意味や倫理の把握においてどのように機能するのかも再検討されなければならない。その点を問うことなしに、彼女が志向した歴史における個別的なものの意味の把握、とくに、白日の下の「物語」ではなく言葉として語りえない「闇の記憶」へと回帰し、再び公共性との交差を探る、という彼女の歴史認識の方法は明らかにはされえないだろう。

ポスト全体主義時代における「真理と政治」

アーレントにおける歴史認識の方法は、まず、歴史における「事実の真理」と「哲学の真理」(ないし「理性の真理」)を峻別することにある。「事実の真理」が出来事のたんなる継起や実証主義的な因果関係を語るのにたいし、「哲学の真理」（ないし「理性の真理」）[3]は歴史の意味や価値を語り、歴史のリアリティは後者の認識様式によってのみ捕捉可能となる。このように「歴史記述」と「歴史の意味」とを区別する方法は、「他者の歴史」をパーリアとして生きざるをえないユダヤ人性と密接に関係するが[4]、アーレントの議論の特色は、それをファシズムやスターリニズムの出現以降の時代が要請した課題として把握する点にある。ポスト全体主義時代における「真理と政治」の機能変化が、歴史認識の方法を根本的に規定しているのである。

アーレントによれば、「事実の真理」の無意味化は、「個々の事柄ばかりではなく、原理に関しても組織的に嘘を語ることに乗り出し」、そこに人間の生活や政治を動員するファシズムやスターリニズムの出現以降、「事実の真理」が権力の攻撃に抗して生き残ることがきわめて困難になったことに起因する（BPF, p.231f., 三一三頁以下）。歴史の記録を偽り変更する試みが、「事実の真理を掛け金に」真理を語ることによってなされ、「事実の真理」は、政治的領域における意見として語られ討論され承認されてはじめて「真理」とみなされる（BPF, p.251f., 三四二頁以下）という「事実の真理」の政治化が、「事実の真理」の無意味化に拍車をかける。「事実の真理は〔哲学の真理〕とは反対に、つねに他の人々に関連している。それは、目撃によって立証され証言に依存する。それはたとえ私的領域に起こるものであれ、それについて語られる限りでのみ存在する。事実の真理は本性上政治的である」（BPF, p.238, 三二一頁以下）。そして「事実の真理」の政治化とは、全体主義が「功利性」や「事実性」を全く無視し「すべてが可能である」ような「世界の創造」という「行為の過程」（BPF, p.87, 一一七頁）に向かったことに象徴されるように、活動する能力が、制作、労働、観照といった他のすべての人間能力を凌駕、支配し、「もっとも危険」(BPF, p.62f., 八一頁以下)になった時代の特徴である。

ここで注目すべきは、こうした「真理と政治」にかんするアーレントの議論が、『人間の条件』などを通して一般的に知られる彼女の公共性論や時代認識とは、位相や方向性を異にしている点である。

きわめて基本的な事柄をあえて確認しておくと、彼女は『人間の条件』において、二〇世紀初頭にはじまる現代世界《モダン・ワールド》は、一七世紀にはじまった「近代《モダン・エイジ》の解放と世俗化」の終焉であり、「科学的・技術的知識(knowledge)」や「数学的シンボル」とそれにもとづく「制作」的な活動が、「所与の人間存在」や「人間関係の本質そのもの」を破壊、凌駕し、支配するに至った時代とみなしていた(HC, pp.2-6, 四-八頁、一二三頁)(5)。制作《ポイエーシス》とは、人と人との間に物を媒介させ、功利性を基準とした手段-目的の対概念によって対象を加工し、明確なはじまりと予言可能な終わりをもち、人間の共生(live together)ではなく孤独や一者性(oneness)にもとづく(HC, p.22, 二七頁, pp.208-213, 二三六-二四一頁)がゆえに、主として仕事や労働に特徴的な要素である。

それゆえ、周知のようにアーレントは、こうした制作とは対照的な活動として政治(politics)を規定する。政治とは、出生によって新しく世界へ参画した人々が、対等な権利(equality)のもとで自由な言論(speech)と行為(doing)を通じて、結末の予想のつかない共同性を物や事の媒介なしに直接人と人の間に創出していく活動である。それは、私たちが日常使用する政治の概念よりもはるかに高遠で哲学的な意味あいをもち、間主観的で創造的な公共空間において実存的個性を問い合うことによって、自己の唯一性（uniqueness）と人々の複数性（plurality）を確証するという、人間固有の存在様式そのものを意味した（HC, p.176, 二〇二頁）。

しかしアーレントによれば、人々は常に、政治という自由がもつ予測不可能性・偶然性・不可逆性・不安定性を固定化しようとして、「政治」を「制作」へ、つまり支配や統治に転化し、「民主主義」に反対してきた（HC, p.220ff., 二四七頁以下）。そして政治の「制作」化には、常に「哲学の真理」の暴力的機能がともなっていた。それは、ポリスをユートピア的に再組織化しようとしたプラトン以来、観想的生活（vita contemplativa）における知（knowing）を活動的生活における行為（doing）から分離し、前者を目的に後者を手段として、前者を後者の優位においた西欧政治思想史の伝統の中に一貫して流れている（HC, pp.225-228, 二五一－二五四頁）。

以上のように、彼女の公共性論の中心問題は、現代における政治の「制作」化の阻止と、西欧形而上学に通底する反政治的な「哲学の真理」の廃棄であり、最初にふれた政治化の時代という現状認識や、「哲学の真理」の擁護という彼女の主張とは、明らかに矛盾する。ではなぜアーレントは、かつての公共性論とは異なる位相から歴史認識の問題を設定しなければならなかったのだろうか。

歴史認識における「啓蒙的理性」の復権

こうした「真理と政治」へのアプローチの変化をアーレントに促したのは、何よりもまずアイヒマン裁判の衝撃である。まず彼女はアイヒマン裁判を傍聴するなかで、カントに由来する「根源的悪

（radical evil）」の概念が不適当であることを思い知る。

かつてアーレントは、「悪」を、「人間事象の領域と人間の能力の潜在性を越えた、人間的な事柄をすべて根本的に破壊するような、それゆえ人間にとって罰することも許すこともできないような」「根源的悪」としてとらえていた（HC, p.241, 二六八頁）。しかし裁判が明らかにしたのは、アイヒマンには積極的な邪悪な動機は何もなく、狂信的なユダヤ人憎悪や反ユダヤ主義思想の持ち主でもなく、むしろ彼の妻子や父母兄妹友人に対する態度は「正常であるばかりか、最も望ましい」善良な市民であり（EJ, p.53, 二〇頁）[6]、主観的「一般意志」と第三帝国の「法」をとりちがえるという根本的歪曲があったとはいえ、無意識的にカントの意志の規律にしたがって行動していた（EJ, p.174, 一〇八頁）ということである。アーレントはショーレムへの手紙のなかで、「悪は〝根源的〟ではなく、つい極端になってしまったものので、また深さや悪魔的な次元をもたない。……表面にカビのように広がる」「凡庸なもの」なのであると、従来からの見解の変更を告げた（EL, p.56）[7]。そしてアーレントは、悪の「凡庸さ」とは、アイヒマンの事実にかんする記憶がきわめて曖昧で、彼が型にはまった文章や官庁用語やスローガンをくりかえすことしかできないという点にみられるような（EJ, pp.77-78, 三八頁）、「何も考えていない」という思考の欠如、「話す能力や考える能力の欠如」であり、日常の習慣や常識を超越するという別の習慣の欠如であることに気づく（LM I, p.5, 七頁）[8]。

アーレントによれば、ニーチェからフッサール、ハイデガーにいたる哲学者たちが、神や西欧形而上学、哲学、さらに実証主義の「死」を宣言した現代では、伝統や「真理」自体が消失し、従来の意味での「真理」の暴力という機能は弱まった。それは、暴力的な少数者の「真理」が、凡庸ではあるが正常な多数者に共通なものへと解放されたという、希望のもてる時代である反面、「真理」を捕捉する「思考」自体の喪失という危機を生み出した（LM I, p.13, 一六頁）。無批判的な「常識（common sense）」や現代を支配する科学的「知識」とは、感覚に与えられたものをそのまま捕捉し、「たんなる正しさ（mere verity）」や「事実の真理」を捉えようとはしても、事柄の「意味」や倫理的規範を批判的に捉える「思考の批判能力」（LM I, pp.54-59, 六四－七〇頁）を欠いているからである。

こうしたアーレントの認識の変化は、一方では、カントの「根源的悪」から、悪はそれ自体としては何ら積極的なものをもたない無であるというアウグスティヌスの悪の定義への移行とみなされる(9)。しかし他方では、「知識」と「思考」という対概念が、カントの Verstand と Vernunft の相違に重ねられ（LM, pp.13-16, 一七－一九頁）、思考の可能性が、カントの「啓蒙とは何か」で論じられる公共性における理性の使用として考えられるように、カントへの新たな接近とある種の「啓蒙的理性」の復権とみることも可能だろう。

そもそも先の公共性論でみた、客体をたんなる功利対象として操作や処理する近代的な道具的理性への批判や、その合理的実践としてのテクノロジーや労働などの「制作」的活動に反対し、科学的認識や啓蒙的理性による歴史発展論と西欧形而上学との連関を批判するというアーレントの問題設定は、アドルノ、ホルクハイマーやハイデガーにも共通する、二〇世紀前半のドイツ思想界に一般的なアプローチの方法である。もちろん、フランクフルト学派やハイデガーが、理論と実践との間の深い亀裂をうめることに悲観し、大衆といった歴史的主体による実践を不可能とみなし、[10] 他者と有機的に結合する芸術的模倣《ミメーシス》の再興に、道具的理性の打開の方向をみた点では、多数者の政治へと展望を開いたアーレントとは最初から理論的射程を異にしていた。

しかし、アイヒマン裁判以降アーレントが強調するある種の啓蒙的理性は、彼女がフランクフルト学派的な啓蒙的理性の完全な破産という命題や、ハイデガーの演技芸術に親近性をもつギリシャ・モデルへの依存から完全に脱皮したことを示している。ドイツ思想が真に自己のものとなしえなかった近代的啓蒙的理性を、アーレントは彼女なりの新しいやり方で積極的に受容、再生しようと試み、それ以降、彼女の歴史認識の方法は、啓蒙的理性の自律性、批判性、解放性、そして公共性とそれにともなう責任性という作用と本質的なところで接点をもち続けることになる。[11]

第二節　「哲学の真理」の再浮上

政治と真理の自律と境界

アイヒマン裁判がアーレントに与えた衝撃は、彼女の「政治」や公共性の位置づけにも大きな影響を与えた。法廷という演劇的な行為の場で、アイヒマンという一個人を語り裁く裁判は、人間にとってはとうてい語りえず、許しえないような「根源的悪」としての反ユダヤ主義の罪をけっして明らかにしなかったからである（EJ, p.32, 一五頁）。公共性＝政治の領域に意見として表明され（represent）、他者を再現前化＝代表して（represent）、他者に向かって語られる語りを、相互にたたかわし説得するという、ギリシャ政治の闘争《アゴーン》のモデルは、「事実の真実」や立証とは異なる歴史の認識には不適当だった。ここから、政治的領域の限界と、同意する人数の多寡にかかわらない非政治的で、一種の永続性にかかわる哲学の真理という問題が浮上する。アーレントは、『人間の条件』で強調していた、公共圏におけるギリシャ的政治活動と言論の重要性という視点をやや後退させ、「政治の領域全体はその偉大さにもかかわらず制限されていて、人間および世界の存在全体を包括するものではない」（BPF, p.263, 三六〇頁）と主張するようになる。(12)

アーレントによれば、政治の領域の原理は「誕生（natality）」であり、すべてを新しく始められうる自由や、複数性としての個別性を特徴とするがゆえに、政治の領域の思考とは、「事実はつねに別様でもありえた」という「偶然性」を示す思考、つまり「意志」である。これにたいし、真理の領域の思考とは「人間が意のままに変えることのできない事柄」「他ではありえない事柄」としての必然性について語ることであり、「過去をふりかえるときそれはすべて必然性である」（LM II, p.30, 三七頁）とアーレントが指摘するように、それは本質的に記憶（memory）、回想（remembrance）であり、歴史認識である。

そして記憶や歴史は、政治における活動によって産みだされるという意味では、政治が「記憶の条件」「歴史の条件」をつくりだすのだが（HC, p.9, 一〇頁）、逆に、真理のコミュニケーションは「暴力（force of violence）」とは異なり、なおかつそれより強力な「必然性の力（force of necessity）」という

「強制の要素」によって（LM I, p.60, 七〇頁以下）、政治の領域を制限する。つまり、歴史における真理は政治的領域において規範的役割をはたし、意志を規制しえる点で、制作や暴力とは異なる方法で政治の領域を安定させ、新しい行為の「出発点」を与える支えとなり（BPF, p.258, 三五二頁）、その意味で、真理の思考は「[政治的秩序の]連続性と永続性とを保証する」支柱である（MDT, p.10, 二〇頁）。

ところでアーレントによれば、この真理と政治の領域の関係は、自律（integrity）と境界（border）という概念でとらえられ、その典型は、ソクラテス裁判の例にみられる。アーレントは、ソクラテスの法廷における言論は、誰をも説得することができず、既成の権力に真正面から抗して真理を語ることは、政治的結果としては無力であったが、彼の言明の意味と力は、法廷での説得活動の時ではなく、死刑を逃れるのを拒否した時に現れたと論じる（BPF, p.247ff., 三三七頁以下）。

これは一般には、政治から分離された真理が、暴力の裏返しとしての無力さに陥ったにもかかわらず、限界状況で政治にたいして個人が示した「範例（example）」としての真理は政治的効力をもつという事例として解釈されている。しかし彼女が意図するポイントは、「真理」に命をかけた限界状況のなかで栄光ある政治的行為をなせといった卓越性の称揚にはなく、「哲学の真理」が「実践的」であり、かつ「倫理的妥当性」を確証しうるのは、「政治の領域の規則を侵さずに行為を鼓舞」できた場合であるという点にある（ibid.）。つまり、政治と真理の両領域は宗教と哲学と同様、相互に自律性をもち、その境界が尊重されていること（BPF, p.260, 三六〇頁）が重要なのである。

ただしアーレントが、「真理を語る存在様式」の条件として、ソクラテスの範例的態度とともに、「哲学者の孤独（solitude）」や「科学者や芸術者の独立（isolation）」、「歴史家や裁判官の公平（impartiality）」「目撃者やレポーターの独立（independence）」などの事例を挙げているように（BPF, p.260, 三五四頁）、先にみた啓蒙的理性の自律性、批判性、公平性、責任性、普遍性などは、「真理」と「政治」が相互に自律しつつ接触する境界で、最も鋭く問われることになる。政治的判断力とは、政治的領域にあるというよりも、こうした境界にしか存在しない。そして歴史認識における問題は、このように政治の自由を保証しつつ政治にたいして一定の規範力を示すような「真理」が、「事実の真理」を語る者にとってはすでに存在せず、理性の真理を語る場合にのみ、その可能性が残されているということにある（BPF, p.249, 三三八頁）。

新しい歴史哲学としての「物語」

では、歴史認識において「理性の真理」を語る方法とはどのようなものだろう。アーレントはそれを「物語」という方法に求め、理論的な真理や倫理的な規範、あるいは人類の歴史というような一般法則で把握される歴史を認識することとは区別している。「物語」とは、たんなる継起にすぎない無意味な過去の出来事の記憶を、想像力のなかで想起し反復（reflexion）することによって、「価値」や「解釈」を自らに示す作業である（MDT, p.97, 一二三頁）。

「物語」という歴史の把握方法は西欧の伝統においては異質であるが(14)、それは第一に、アーレントによる「政治」概念の設定と同様、「制作」としての「過程の歴史」への対抗概念である。アーレントによれば、デカルト的懐疑主義やイギリス経験論にみられる主観主義とそれにもとづく科学的自然観は、政治体を人工物として認識可能とみなしたホッブズの国家観や、歴史を人工物として認識可能とみなしたヴィーコの歴史観と本質的に連続しており、テクノロジー的な制作の概念が、自然や社会ばかりか歴史へも導入され、「世界疎外」は徹底された（HC, p.232, 二五八頁）。とくにフランス革命以降に現れた啓蒙的理性による人類史的な進歩史観やヘーゲルやマルクスによる弁証法的歴史観は、過程の概念による歴史認識の代表例であり、そうした歴史把握においては、個々の事実や個人に固有な意味の特殊性、具体性が、一般性や普遍的なものの運動過程の目的へと溶解されてしまう（BPF, p.63ff., 八四頁以下）。

アーレントは物語としての歴史把握を「承認」「運命」「和解」といった言葉で語っているが、それはヘーゲル的な歴史哲学の概念ではなく、歴史を長期的法則や数量的統計によって画一的に把握することに反対し、時代を明るみにだすわずかな出来事を歴史的時間へともたらそうとする、ハイデガーの歴史認識から継承された概念であろう。アーレントが、ハイデガーの詩的直観やヘロドトスの神話的な歴史に共感を示し、現在を「過去と未来の間」ととらえたように、彼女にとって歴史とは、現在において詩的神話的にとらえられた永遠の一瞬であり、現在における過去の想起と未来への投企の一瞬の狭間として存在している。しかしハイデガー的な歴史概念を乗り越えることは、アーレントの課題の一つであり、それは意味を解釈する詩的な歴史認識と公共圏との接触によって果たされることになる。つまり、詩的で神話的な歴史認識が、先にみた啓蒙的理性の自律性、批判性、解放性、そして公共性とそれにともなう責任性といった機能と交錯しあうのである。この点について、アーレントがもっともこだわりをみせたと思われる、自己のアイデンティティをめぐる問題を通して考えてみたい。

第三節　「自己（self）」の政治と「自我（ego）」の思考

「物語」におけるアイデンティティの罠

アーレントは、「物語」が根源的なアンビヴァレンツを抱えこんでいることを熟知していた。まず「物語」とは、過去の出来事の「価値」や「解釈」を自らに示す作業である以上、自己自身が何（what）であるかを示すのではなく、誰（who）であるかを示す語りである。ある人の正体（who）とは、どこにも存在しない「人間本性（human nature）一般」でも、その人の「特質や欠点」「功績や失敗や罪」などの総計でもなく、ある「人間の本質（essence）」そのものである（HC, p.193, p.221, 二四二頁、二六八頁）。それゆえ「物語」という作業なしには、人間は「自己自身の誇り」をもちえず、現実に意味を見出して現実を生きることも不可能になる（MDT, p.105ff, 一三二頁以下）。

しかし、こうした「物語」が公の場で語られ、多数の異なった立場から聞かれ見られたとき、ある人の who に「人格的同一性（personal identity）」（LM I, p.32, 三九頁）「性格や人格（character or personality）」（LM I, p.37, 四四頁）と言われるものが付与される。そもそもアイデンティティとは、「ただ他人にのみ現れ、他人にだけ見える」（HC, p.193, 二二〇頁）ものであり、「人々は活動と言論において、自分が誰であるかを示し、そのユニークな人格的アイデンティティを積極的に明らかにする」（HC, p.179, 二〇五頁）と述べられているように、政治的領域に固有の本質的機能である。そのため「その人が誰（*who*）であるかを述べようとするとたん、私たちは語彙そのものによって、彼が何（what）であるかを述べる方向に迷い込んでしまう」（HC, p.181, 二〇八頁）。

そのため物語には、まず自己の現れとしてのアイデンティティに自己自身が規制されるという危険性があり、また「見る側（spectator）」が「誤解や錯覚」をいだくのが避けられない以上（LM, p.36, 四三頁）、他者から付されるアイデンティティがいつも自己自身と疎遠なズレをもつという危険性もあり、そうした相互の危険性は相乗しあうことによって、多くの複雑な罠が発生する。罠が独り歩きをすると、物語が「現存するもの」を示さずに、現実から遊離したフィクションや「あるべきもの」をつくりだし、「一九世紀がいだいた歴史への幻想とイデオロギーへの傾斜」（MDT, p.8, 一八頁）に行き着くという、「物語」の制作への転化が起こる。

しかもそれは、「物語」の質の問題であるばかりか、言葉そのものの特質と限界であり、さらには言葉で語り合われる政治＝公共性の領域の特質と限界でもある。アーレントが指摘するように、「ある人物（person）の生きている本質を……言葉で固定しようとしても不可能であり」「哲学の真理」さえ、それが「多数者」の政治的領域で語られるとき、その性質は変わり「意見」となる。これは「単独者」としての人間の存在様式から、共生と行為という人間の存在様式への移行である以上、避けられないことである（BPF, p.138, 三二二頁）。

思考への退却とアイデンティティの溶解

しかし逆にみれば、アイデンティティとは固定された本質ではなく、語りのあり方や政治空間の構成状況やそこで形成される公共性の内実によって、いくらでも変更可能なものであるということにもなる。ではアイデンティティを変更可能にする機能はどこにあるのか。それが「理性」や「思考」の「自己破壊的性格」[15]に他ならない。精神（mind）は「思考するという能力」をもつことによって、「世界を離脱することも超越することもできないとはいえ、世界から退却することができる」（LM I, p.45, 五四頁）。人は、現れの経験的世界においてアイデンティティを掲げる「主体としての自己（self as subject）」から、「年齢もなく、性別もなく、才能もなく、人生の物語もない」「思考する自我（thinking ego）」へ必ず退却可能なのである（LM I, p.43, 五一頁）。自我に退却したとき、公の場で付されたアイデンティティやそれにまつわる自己という物語に回収しきれない自我、つまり疎遠な他者を自我自身のなかに見出す。

この意味で、物語を語る主体の本来の足場は、自己の属する種々の共同体やそのなかで付されるさまざまなアイデンティティにはなく、「自我」にある。アイヒマン裁判についてユダヤ人としてなぜ発言しないのかというショーレムに答えて、アーレントが「私は独立しているということです。……私はどんな組織にも属しておらず、常に自分自身の名においてしか語りません」（EL, p.55）と述べたのは、この意味である。

もちろんアーレントが、対象を経験的に認識する自我と対象の認識を可能にする条件としての超越論的自我を区別したカントから、さらにその後のニーチェからハイデガーに続くデカルト的自我の解体の系譜に賛同を示しているように（LM I, p.49, 五八頁）、アーレントのいう自我とは、自己同一的な近代的自我の解体後に現れる「自我」である。それゆえ、自我へ退却して自分自身と対話するとは、たんに自己自身において二者になり、同一者のなかでプラトン的対話を行うことではなく、他者としての別の自分に出会うことによって、「自己自身を不在としていく運動」（LM I, p.96, 一一三頁）、自己の物語を相対化し変形することであり、自分自身を分裂体としてかかえこむことである。

ただしアーレントが「自己自身のなかで矛盾しないこと」「自分自身に嘘をつかないこと」（LM I, p.186, 二一八頁）という一種の誠実性の倫理を掲げることから分かるように、彼女は、自我内部の矛盾を分裂したまま放置するのではなく、むしろ相互に抗争しあうことをよしとした。しかしそれは、一義的な自己同一性を達成するためではなく、むしろアイデンティティの固定化を防ぐため、自己と自我との間に緊張関係を保ち、自己と自我との間の往復運動を活性化することによって、自我内部の複数性の受容と、自己同一的な一者（アイデンティティ）が多数集合している場での人々の複数性の保証とを、相互密接な関係に保とうとする意図があるように思われる。[16]

「自己（Self）」の選択性と被決定性

こうした意味で、自己は複数性として考えられうるが、それは多元主義的リベラリズムで言われるように、自由に選択可能なアイデンティティではない。たとえばアーレントは、反ユダヤ主義の嵐のなかでユダヤ人が攻撃に晒されている時、私はユダヤ人ではなく人間である、という普遍主義的テーゼを掲げることは、現実から逃避する態度であり、政治的世界において権力に対抗しえないと批判する。「人は攻撃されているアイデンティティによってのみ抵抗しうる」(MDT, p.18, 二九頁)。あるいは逆に一九世紀のドイツにおいて、社会に承認された上層のユダヤ人知識人たちが、ユダヤ人性を個性や私的問題に解消しようとしたことが、いかに誤った政治的判断であり、結果としてますます激しい抑圧とホロコーストを招いたかは、『全体主義の起源』で詳細に検討されている通りである(OT I, p.165ff., 二二六-二三〇頁)。

しかしこれは、たとえば加藤典洋氏が主張するように、[17] アーレントがユダヤ人という自己の共同性の内部をまず第一にして語っていることを全く意味しない。先にみたように、アーレントは原理的にはナショナリストでもシオニストでもありえない。ここでのアーレントの問題は、人間は公共性の場面で全く自由に選択したアイデンティティを掲げえるわけではなく、「主体としての自己(self as subject)」は「客観的世界」によって制限されている(HC, p.183, 二一〇頁)という点にある。

アーレントは、マルクスやそれ以前の唯物論との相違に配慮しつつも、「なにをしようと人間自身はいつも条件づけられた存在」であり、人間を条件づける「世界の実在性(reality)」は、自然であれ、人間の制作物や政治体であれ、人間自身による自由な活動の結果であれ、どのような形態をとろうとも「客観的あるいは物的性格(object- or thing-character)」をもっている、と言明している(LM I, p.9ff., 二一一-二一七頁)。彼女は、世界の実在性を、人間の思考や活動を離れては存在しないが、人間の経験の根拠として存在しているという点で、カントの「物自体」をフッサールの「間主観性」へずらすことによってイメージしている（LM I, p.40, 四八頁）。そして「実存哲学とは何か」の結論で、アーレントがハイデガーに反対して言うように、人間は孤独ではなく、多数者（複数性）のなかで生き現象しあっており、その諸現象こそが自己の存在を表示するのだから、自己の複数性、そして多数者の複数性の根拠は、人間に「共通の本性」ではなく、この同一なる世界の実在性にあり（HC, pp.57f., 五八頁）、それゆえに、人間は自己を自由に投企する実存ではないのである。(18)

確かに政治の場は、一面では自由の場であり、どの局面でどういうアイデンティティを主張するか、あるいは複数のアイデンティティを掲げるかは政治的判断力の問題であり、それが実存と公共世界を結ぶ鍵となるとともに、公的世界と私的世界の境界をも設定していく。しかし、世界のなかでどのように自己を自己提示するかという選択がどれほど重要なことであれ、近代哲学が夢想したように人間は自己自身をつくりだすことはできないのであり、「現存在のあること（thereness of existence）」を越えることはできない（LM I, p.37, 四四頁）。自己の掲げるアイデンティティも、帰り来る母体としての自我も、全く自由に選択されたものではなく、複数的な他者との諸関係に決定される側面をもち、自分の住処をかえることはできない。自分の住処をかえようとする行為は、歴史認識を政治に解消した全体主義の運動に固有なものであり、ハイデガーのナチ入党のような行為をもたらすのである。

実際、アーレント自身もいくつものアイデンティティや文化を複雑にかかえこんでいたはずであり、なおかつそれは、ユダヤ人・女・政治哲学者・西欧古典文明・ドイツ文化・アメリカ市民……等々の通俗的な規定性やそれらの複合ではわりきれない。なぜなら、彼女はいつも、その時々に自分がおかれた「条件《コンディション》」を明敏な政治的判断力で分析し、それを自己の物語として語り、自分の「誇り」とするとともに、つねにその限界を暗示して相対化する視線をなげかけているからである。その意味で、アーレントの語りはきわめてアイロニカルなレトリックに満ちていて、それを額面通りに受けとることは危険だろう。たとえば、彼女は西欧文明の優越性を誇り高く語るため、しばしば西欧中心主義者とみなされたり、あるいは育児や家事労働を価値のない私的活動と言明することによってアンチ・フェミニストとみられたりもする。しかしそれは、彼女の現存在が属する公共性での語りが、被らざるをえない限界そのものを痛烈に暴露する語りだからである。

第四節　思考と政治――私と公共圏の往還

「語りえないもの」と「語り」の境界

「物語」としての歴史が、現れの世界における言葉や言説という限界性をもつ以上、思考へと退却した自我と自我をとりまく世界には、語りえないものが無数に満ちていることになる。アーレントは、現象世界において語り語られ、見聞きし見聞きされる言論としての精神活動が、概念的言語をともなっているのにたいし、それとは対照的な「魂の生活（psychic life）」には、身体的感覚、感情、情念などが属し、それは語られる現象世界の「根拠」ではあるが（LM I, p.38, 四五頁）、「まなざし（glance）」「分節化されない音（inarticulate sound）」「身振り（gesture）」などとして自己表示（self-display）されるのみで、そのままでは語ることは不可能であると述べている（LM I, pp.31ff., 三八頁以下）。「公的領域は偉大ではあるかもしれないが……関係のないもの（irrelevant）を隠れ住まわす（habor）わけにはいかない」のであり、そのそとには「闇」や「語りえないもの」や「語りえない人々」の深遠が存在している。

そして彼女にとって重要なものは「闇」ではなかったのか。彼女は、公の人々を結びつける「友情（friendship）」と違って、「愛（love）は公に晒される瞬間に殺され、あるいはむしろ消えてしまう」（HC, p.51, 五二頁）と語り、また「愛」や「身体的苦痛」など「語りえないもの」は私的領域にあるとも述べている。こうした言説の背後にハイデガーとの愛や収容所での体験など、彼女の私的な体験を透かし見ることも可能かもしれないが、語りえないものの領域を「私的領域」に限定することは、むしろアーレントの思考の浅薄化を招くだろう(19)。

アーレントが「愛は、ほかならぬその本性からして無世界的なもの（unworldly）である」と述べているように（HC, p.242, 二六九頁）、「語りえないもの」には、「世界」において形を与えられていないものすべてが含まれ、ユダヤ人のような無国籍者が「無世界性」と特徴づけられているように、現在の公的世界から締め出されてはいるが、潜在的にはきわめて政治的である問題も含まれるはずである。さらに彼女が、アウグスティヌスやデモクリトスを参照して、「闇」は「苦痛にみちた悪の貯蔵」でもあると述べるように（LM I, p.35, 四二頁）、「闇」には、公的領域で語られる「栄光の物語」にはなじみにくいと従来から考えられてきた「悪」や「苦痛」、さらに政治の原理である「誕生」の対極にある「死」や

「老」なども含まれるだろう。(20)

アーレントは、現象世界や公共性から思考へと退却することは、「現実世界（real world）」の「事物（matter）」による制約から全く自由になるという意味で、「根源性（fundamental）」や「永遠性」にふれる純粋な活動性であり（LM I, p.33, 四〇頁, p.44, 五二頁）、「常識によって与えられた実在感覚」から離れて、「捉えるものすべてを疑問に付す」フッサール的な現象学的な判断停止と考えていた（LM I, p.52, 六二頁）。こうした思考作用が、自我やその「住処（home）」に帰ることであるならば、それは「闇」への運動であり、物語る主体とならない無数の人々の「住処」への回帰であり、その回帰こそが、歴史における「悪」や「倫理」を明らかにすることになる。

境界線を切り開く

しかし留意すべきは、アーレントにとって「闇」への回帰は、語ること、つまり精神より「ずっと暗いところにある魂」に言語的な制限性を与えることと分離しえなかった。それは「永遠性における住処に」（HC, p.19, 二〇頁）、「仕事と行為と言葉」を付加する作業であり、物事を「隠された存在（existence）という闇のなかから公的領域の存在へと」もたらすことであり、歴史のリアリティを公示する作業である（HC, p.51, 五一頁）。実際、彼女自身も、語りえない闇の記憶から反省を行って言語化し、現象するものにふさわしいものを決定して意識的に自己提示（self-presentation）し、他者から付加されるアイデンティティにあえて責任を負うことを潔しとする（MDT, pp.3f., 一一頁）道を歩んだ。しかし、アーレントがそうした道を歩んだのは、「偉大なこと」をなしえる能力ある女の自由な選択ではなく、卓越性を示そうとするエリートの自負心によるものでもない。それは、彼女の現存在そのものが、まるごと抱えこまれている世界のなかで定められた「運命」だったのであり、彼女にとってそれは、自己の存在(ego)そのものとの唯一の「和解」の方法だったからである。「語りえないもの」を、不可能と知りつつ敢えてくりかえし「語りえるもの」へと変換する作業は、ペネローペーが織ってはほどいたように、虚しい作業だったかもしれない。しかし、それ以外には、「語りえないもの」の前で沈黙したり、「語りえないもの」が物語と切断されて神秘化されたり、実体的に固定化されたりといった事態を防ぐ道はなかった。アーレントにとって重要だったのは、語りえぬ闇と、見られ聞かれるに値するものが容赦なく評価される光との間の往復運動であり、その両者の領域の境界にたちつつ、闇の記憶を物語へともたらすことだった。それこそが、彼女がめざした、法や制度といった「もろもろの境界線を切り開く」(HC, p.190, 二一八頁)ための重要な戦略の一つだったのである。

「もろもろの境界線を切り開く」ことが緊急の課題として自覚されている今日、思考と政治の境界にたちつつ、「闇の記憶」と公共世界における「光の物語」を繋ぐ語りをなすという、アーレントの歴史認識の方法を具体化することは、私たちに求められた課題であろう。それは、自己のアイデンティティの崩壊や分裂を体験し、闇の「無世界性」や「痛み」や「悪」や「愛」を直視するという解放の作業である。またそれは、「あるがままのものすべてにたいする、つまりすでに与えられたものであって、作られたり、作りようがなかったもの、あるいはピュシスによってあるのであって、ノモスによってあるわけではないものにたいする基本的な感謝の気持ち」(EL, p.35f.) にもとづいている。その点で、アーレントがめざしていた法や制度といった「もろもろの境界線を切り開く」戦略とは、彼女が自覚していたか否かを別にしても、明らかにスピノザ的な自己の現存在のエチカの探究の延長線上にあった。(21)

注

(1) Arendt, Hannah, *The Origins of Totalitarianism*, New York: Harcourt, Brace, 1951 (『全体主義の起原』大久保和郎・大島かおり訳、みすず書房、一九七二 - 七四年) は、OT という略記号で、本文ならびに注に注記する。

(2) Arendt, Hannah, *Between Past and Future*, Penguin Books,1977 (『過去と未来のあいだ』引田隆也・齋藤純一訳、みすず書房、一九九四年) は、BPF という略記号で、本文ならびに注に注記する。

(3) ただしアーレントの言う「哲学の真理」「理性の真理」の内容は、本章でもふれたように、西欧形而上学上の伝統的意味を、彼女独自の方法で換骨奪胎させたもので、彼女はこの名称を使うことに躊躇を感じてはいたが、暫定的に使用せざるをえなかった。

(4) 多木浩二、内田隆三、大澤真幸、吉見俊哉「歴史意識について――20世紀の思想風景 (1)」『思想』岩波書店、一九九七年六月号、四 - 七頁。

(5) Arendt, Hannah, *The Human Condition*, Chicago, The University of Chicago Press, 1958 (『人間の条件』

志水速雄訳、中央公論社、一九七三年）は、HCという略記号で、本文ならびに注に注記する。

（6）Arendt, Hannah, *Eichmann in Jerusalem*, The Viking Press, 1964（『イェルサレムのアイヒマン』大久保和郎訳、みすず書房、一九六九年）は、EJという略記号を用いて、本文ならびに注に注記する。

（7）Arendt, Hannah and Scholem Gershom, "Eichmann in Jerusalem: An Exchange of Letters between GERSHOM SCHOLEM and HANNAH ARENDT" *Encounter*, Vol.XXII No.1, 51-56, 1964 は、EL という略記号で本文ならびに注に注記する。

（8）Arendt, Hannah, *The Life of the Mind*, I,II, New York; Harcourt Brace, 1978（『精神の生活（上）（下）』佐藤和夫訳、岩波書店、一九九四年）は、LMという略記号で、本文ならびに注に注記する。

（9）Elshtain, Jean Bethke, *Augustine and The Limits of Politics*, Notre Dame; Ind.: University of Notre Dame Prees, 1995, p.76ff.

（10）三島憲一「理論と実践の間――フランクフルト学派の逆説的影響」徳永恂編『フランクフルト学派再考』弘文堂、一九八九年、五頁。

（11）この意味でも、Benhabib がアーレントに与えた「The Reluctant Modernism いやいやながらの近代主義」という規定は、言いえて妙である。Benhabib, Seyla, *The Reluctant Modernism of Hannah Arendt*, Thousand Oaks, Calif.: Sage Publications, 1996.

（12）Hutchings も、アーレントはカント講義で、人間の条件における political actor から、storyteller あるいは historian へと比重を移動していると評価し、むしろ判断力は思考としては「反政治的な能力」であり、それはアーレントが強調する、フランス革命の spectator としてのカントの役割と重なると指摘している。Hutchings, Kimberly, *Kant, Critique and Politics*, Routledge, 1996, pp.90ff.

(13) Arendt, Hannah, *Men in Dark Times*, Harcourt, Brace & World, Inc., 1968(『暗い時代の人々』阿部斉訳、河出書房新社、一九八六年)は、MDTという略記号で本文ならびに注に注記する。
(14) Disch, Lisa Jane, *Hannah Arendt and the Limits of Philosophy*, Ithaca: Cornell University Press, 1994, p.110.
(15) 齋藤純一「民主主義と複数性」『思想』岩波書店、一九九六年、九月号、八二頁。
(16) この点を齋藤氏は、「複数の自己の間での批判的コミュニケーション」と規定し、自己の複数性と公的領域の複数性をパラレルに把握している。齋藤純一、前掲論文、八五頁以降を参照。
(17) 加藤典洋「語り口の問題――ユダヤ人問題とはわれわれにとって何か」『中央公論』一九九七年二月号参照。
(18) Arendt, Hannah, *Essays in Understanding 1930-1954*, Harcourt Brace & Company, 1994, p.186.
(19) Benhabib はアーレントにおける私的領域の重要性にもっと注目すべきであるという結論で、自著を締めくくっている。Benhabib 1996, *op. cit.*
(20) ここで興味深いのは、従来より「語りえるもの」の側に所属すると考えられてきた「理性」「一貫性」「友愛」などにたいし、その逆のカテゴリー群に所属するとされる「身体感覚」「感情」「混乱」「愛」などが、歴史上常に「女性」の側にふりあてられてきたことであるが、その点についてはアーレントは言及していない。
(21) 高橋哲哉氏の『記憶のエチカ』は、アーレントの歴史認識を批判的に問いつつ、こうした作業をなした優れた代表例であり、「語りえないもの」を哲学的に論じた画期的成果である。しかし、アーレントは「語りえないもの」を捨象したとみなす点で筆者と見解を異にしている。高橋哲哉『記憶のエチカ』岩波書店、一九九六年を参照。

第七章　構成的権力論と反ユダヤ主義
――力と法をめぐるシュミットとスピノザの邂逅

第一節　シュミットはスピノザに何を見出したか

構成的権力論をめぐるスピノザ評価

一九世紀以降急速に進展した資本主義社会の様相を、シュミットは多くの同時代人と同様、経済的・技術的合理化や手段化の進行、超越的価値の喪失、実証主義や機能主義の蔓延として批判的に捉え、そうした時代の諸相を「間接性（Mittelbarkeit）」「中立化（Neutralisierung）」「脱政治化（Entpolitisierung）」といった、彼独特の概念で総括した。そのシュミットにとって、一七世紀から一八世紀に至る西欧の近代初期はアンビヴァレントな意味をもっている。それは一方では、近代の世俗主義や機械主義の端緒を原理的に準備した時代であり、他方ではまた、一九世紀以降に失われる健全な個人的自由や権威主義、形而上学や超越的な自然法論、カトリック絶対王政や政治的なものなどが、確固として存在した時代だったからである。シュミットの思想が「権威主義的自由主義」(1)という形容矛盾した概念で特徴づけられるのも、近代初期にたいするシュミット独特の視線のあり方と深い関わりをもっている。そしてパスカル、デカルト、ホッブズ、プーフェンドルフ、マルブランシュ、ルソーといった数多くの近代思想家たちが、シュミットのアンビヴァレントな視線のうちで奇妙に引き裂かれながらも、彼の思考と著作に大きな影響を与えた。

とりわけスピノザは、デカルトやホッブズの抽象的合理主義や機械論的世界観を越えた汎神論を提示したとして[(2)]、シュミットにより高く評価された近代思想家の一人である。シュミットとスピノザとの理論的関係について、シュミット研究者の側からはほとんど注目されることはないが、ナチの「桂冠学者」と称されるシュミットが、史上はじめての世俗的ユダヤ人と言われる哲学者スピノザに好意的に依拠しながら語っている事実は、スピノザ研究者の目にはきわめてスキャンダラスで奇妙な事実として映る。

シュミットが自らの政治理論の先駆者としてことさらスピノザに高い評価を与えたのは、政治的統一体を構成する真の政治的力を意味する「構成的権力（pouvoir constituant/konstituierende Gewalt）」について論じた場面においてである。「構成的権力」は、まず『独裁』（一九二一年）において論じられ、後の『憲法論』（一九二八年）における憲法制定権力（Verfassungsgewalt）の議論へと継承された。この時期をシュミットの思想遍歴からみるならば、『政治的ロマン主義』（一九一九年）の出版によって思想的な模索期を終えた後、一九二〇年ごろからマックス・ヴェーバーのゼミナールに参加し、彼独自の政治理論や公法体系を『憲法論』として集大成する、学問的に最も充実した時期にあたる。「構成的権力」は、シュミットの政治哲学のなかでも要諦をなす概念と言えるだろう。

自由主義的思想家としてのスピノザ批判

しかし長きにわたるシュミットの思想的営為の推移を反映して、シュミットのスピノザにたいする視線も大きく変化したかのようにみえる。シュミットの数多い著作のなかで、スピノザが次にことさら大きな意味をもって語られる著作は、ナチの政権掌握後に書かれた『トマス・ホッブズの国家論におけるリヴァイアサン』(一九三八年)であろう。そこにおいてシュミットは、ホッブズ的な絶対主義国家のなかに個人における内面の自由という抵抗の拠点を見出し、リヴァイアサンを自己崩壊させる理論的・歴史的起動因を見出した思想家として、スピノザを論じている。そこに描かれるスピノザは、後に続くメンデルスゾーン、マルクス、ハイネ、シュタール、フーゴー・プロイス、ケルゼン等々といった同化ユダヤ人思想家たちあるいは自由主義的思想家たちの祖であり[3]、反ユダヤ主義を明確化したシュミットの「敵」にあたる。

このようなスピノザにたいするシュミットの視線の変化を、民主主義的なヴァイマール体制の擁護者ないしは許容者としてのシュミットから、一九三三年のナチ党入党を境に、反ユダヤ主義と具体的秩序論へと移行したシュミットという、二つのシュミット像[4]の移行関係として表面的に理解して終えることも可能であろう。しかしシュミットとスピノザとの理論上の邂逅を検討してみるならば、一見時代に機会主義的に迎合したかのようにみえるシュミットの思想遍歴のうちに、権力と法との関係にかんして一貫した問題意識と理論枠組みが存在し、しかもそれがヴァイマール時代からシュミットのなかに潜在した、反ユダヤ主義的要素と深く関係していた側面が浮かび上がってくる。本章では、権力と法との関係をめぐって展開されるシュミットとスピノザとの思想的対立点を、重要な意味をもった過去の思想史の一コマとして掘り下げるとともに、その問題が現代の私たちに投げかける意味について考えてみたい。

第二節 「構成的権力」と「構成された権力」

力と法／例外と秩序

「真理がではなく、権威が法をつくる（『リヴァイアサン』第二六章）」という、よく知られたシュミットの言葉が端的に示すように、彼は『独裁』において、法の規範性は、法自体によってあるいは真理や道徳などの超越的な価値によっては根拠づけられず、権威ある力のみ[5]がそれを創設し維持し、暴力の跳梁跋扈を防止しうると主張した。[6]体制とそこから派生する法の規範性を新しく基礎づけうる政治的力が「構成的権力」であり、それは政治体の創設を司る点では常に未来の「来たるべき」権力であるが、すでに「構成された権力（pouvoir constitué/konstituierte Gewalt）」（既成権力 bestehende Gewalt）としては、既存の法秩序や制度・機構そのものとしてある。

この議論によってシュミットは、初期のころから抱いていた権力と法との関係にかんする問題に、一定の解決を与えた。「構成的権力」とは本来、実定法などによる外的な強制を受けることも、人権の理念などによる内的自律性に拘束されることもなく、既存の体制を越えて自由に根本的体制を樹立しうる創造的で無限定な力である。しかしひとたび体制（憲法 Verfassung）が樹立されると、「構成された権力」の活動は既成の法律（Gesetz）・規則（Regel）・形式（Form）の通用内に限定される（D, S.137）。ただし構成された機構や法による支配の合法性は、構成的権力の正統性によるものであるがゆえに、構成的権力自体は構成された権力によっては規制されず、時には合法性を越えて実効力を発揮する。つまり政治の常態における法的秩序としての構成された権力と、それを根本的に規定しながら例外時にのみ露呈する構成的権力という権力の二様式によって、権力と法は明確に分離されつつも、例外と秩序として連続的に把握されうるのである。

それはまた同時に、超法規的状況つまり政治的な例外状況において、規範的決定を行う主体は誰か、という政治哲学的問題にたいするシュミットの解答でもある。シュミットによれば、「権力と法」「例外と秩序」という統一において常に圧倒的に優先する規定性＝主権性をもって政治的決定を行うのは構成的権力であり、その潜在する主権性の現出が超法規的独裁に他ならない。それは、現秩序の救出のため既存の法規にもとづいて一定の限定期間行われる、ローマ共和制における独裁のような「委任独裁」ではなく、無限定の革命性をおびた人民が、既存の体制や法を越えて新しい憲法の発布の主体となる、近代の「主権独裁」である。つまり構成的権力の所有者とは「人民＝民衆（Volk）」ないし「国民（Nation）」であり、その歴史的典型はフランス革命であり、レーニンによるプロレタリアート独裁も同一論理の延長線上にあった(7)。

シュミットとスピノザとヨーロッパの左翼？

さてこのような「組織されざる組織する権力」としての構成的権力を、最初に定式化した思想家は、シュミットが指摘するとおり、フランス革命時の思想家アベ・シェイエス（Abbé Sieyès, 1748-1836）である。しかし興味深いことにシュミットは、すでにシェイエス以前に構成的権力について把握していたのがスピノザに他ならない、と指摘する。(8) シュミットによれば、「構成的権力の構成された権力に対する関係についての表象は、能産的自然（natura naturans）の所産的自然（natura naturata）にたいする関係として表象されており、そのなかに完全に体系的で方法的なアナロジーが存在する」（D, S.139）。

そもそもシュミットによれば、啓蒙期における合理主義のように国家を機械的に構成する考え方や、そうした考えに立脚した社会契約論は、構成的権力を構成された権力と区別して把握することができない。このような合理主義は、国家はあらゆる職務機関の総体であるというイエリネックの説（D, S.138）や、国家は相対的な個々の法律規範の体系的統合であるというケルゼンの法実証主義（VL, S.9）へと至るからである。スピノザがシェイエス以前に構成的権力を把握することができたのは、スピノザが機械主義的合理論を越えて、内在的で創造的な力の概念を哲学的に確立したことと密接不可分であることを、シュミットは洞察していた。

たしかにシュミットによる構成的権力と構成された権力との関係は、自由で必然的な自己原因として、永遠・無限な属性の下で様態を内在的に産出する実体としての能産的自然と、無限に産出される様態としての所産的自然という、スピノザ哲学の要諦をなす概念にアナロガスに対応しているかのようにみえる。しかも民衆（multitudo）の自然権を集合させた力能（potentia）が、あらゆる政治社会の根本を規定しつつ体制の形式を創造的に産出するという、『政治論』（一六七七年、遺稿）におけるスピノザの議論を、能産的自然と所産的自然との理論的関係とパラレルに考えようとする、Ａ・ネグリのようなスピノザ解釈が(9)、こうしたシュミットの見解を後押しする。ポストモダン的なマルキストであるネグリは、近年注目される特異なスピノザ研究によって、スピノザが論じた民衆の集合的力のうちに、書かれた法や法制化された体制を越えて革命的に運動する、組織化不可能な力動的政治主体が理論化されている点を強調するからである。ここにおいて、スピノザ―シェイエス―シュミット―ネグリという四人の政治思想家をつなぐ政治哲学上のひとつの糸が存在することが浮かびあがってくる。それはマンフレッド・ヴァルターが指摘するように、「スピノザ解釈を介したシュミットとヨーロッパの左翼(10)」という興味深い問題系列である。

しかしはたしてシュミットの構成的権力論とスピノザの能産的＝所産的自然とは、アナロガスに考えられうるだろうか？　これはシュミットによるスピノザ解釈が正しかったか否かという問題ではなく、シュミット政治哲学の本質を逆照射するために考えられるべき問題なのである。

「政治神学」の罠

まずシュミットによるこのスピノザの引証のしかたは、実はスピノザに即してみるかぎり正しくないことを確認しておかなければならない。しかもそれはたんなる誤用ではなく、政治神学的な巧妙なトリックとして機能している。スピノザ自身による説明によれば、能産的自然とは本来、「神の永遠・無限の本質を表現する実体の属性」を指した概念であり、他方所産的自然は、その「神のおのおの属性の必然性から生起して存在するないしは考えられる」、すべての有限な様態にかんして言われる概念である（E I prop.29, sch., p.71, 上七三－七四頁）[11]。それゆえスピノザの哲学的原則に忠実に従えば、あくまで所産的自然にすぎない人間や人間たちの諸力の合成である権力は、有限な様態へと変容した限りでの能産的自然の本質をなんらかの度合いで具体的に表現してはいるものの（E III prop.6, p.146, 上一七七頁）、その自己保存力は、能産的自然の必然的法則を具体的に表出する諸原因の連鎖によって制限されている（E IV prop.3, p.212, 下一六頁）。とすると、もしシュミットがスピノザの哲学的見解に従って考えるのであれば、構成的権力がどのような必然性によって制限されているのか、という問題設定がむしろなされるはずである。

ところがシュミットは、後の『政治神学』（一九二二年）において神学的問題を世俗化して政治的領域に転用するのと同様、スピノザの能産的自然という形而上学的概念を構成的権力という政治的法的概念へと転用することによって、民衆の構成的権力に超時間的神的イメージを与えている。しかもシュミットが、「一七世紀の君主は、デカルト主義者の神の概念のうちに〈投影された〉現実なのだ」[12]と述べているように、継続的創造を行うデカルトの神と君主権力とが、つまり形而上学的世界像や神学的概念と政治的ないし公法的概念とがアナロガスに符合することこそ、人々がいだく意識的な明証性と事実性の証なのである。このように民衆の構成的権力を神的に実体化することは、スピノザ自身が主張した哲学的認識と政治神学的認識の分離（TTP, C.14, p.179, 下一四二頁）という原則に明らかに抵触している。[13] しかもこのように政治的統一体のアプリオリな力動性を神格化するシュミットの政治神学が、当時のカトリックならびにプロテスタントの神学者から偽装したカトリックぶりを非難されたように、それはきわめて「無神論」的でさえある。スピノザを援用したシュミットの政治神学的＝無神論的方法は、後の『憲法論』ではより露骨となる。そこではスピノザの自己保存力とは、「存在する政治的統一体」すべてが諸規範の正しさや有用性を越えてもつ価値と存在理由、つまり政治的統一体の「領土保全（Integrität）、安全、体制（Verfassung）の護持」を指示する概念であるとみなされている（VL, S.22）。[14]

しかしここで、シュミットの無神論的な「政治神学」の問題点や国家の力動的で無制限な主体化・絶対化を批判的に確認するだけでは、シュミットとスピノザとの関係にことさらこだわるべき意義が見いだされたとは言い難い。シュミット自身も、もしそれだけのためであれば、構成的権力のアナロジーとしてことさら世俗的ユダヤ人スピノザの学説を引き合いに出す必要はなく、たとえば能動的に活動するフィヒテの絶対的自我を援用しても事足りたはずだからである。構成的権力論をめぐっては、シュミットとスピノザとの間にもっと深い因縁が隠されているのではないか？　それを探るためにはやや迂回して、ルソーの社会契約論にたいするシュミットとスピノザとの差異について考察しておかなければならない。

第三節　「権力なき法」と「法なき権力」

ルソー一般意志論における同一性と代表＝表象

そもそもシュミットの構成的権力論は、ルソーの社会契約論、正確にはシュミットによって解釈された限りでのルソーの社会契約論と論理的に不可分な関係にある。シュミットは『政治的ロマン主義』において、古くからの形而上学の最高・最確実な実在である超越神を新しい歴史的現実のなかで引き継いだのは、まずは「民衆（Volk）、利益社会（Gesellschaft）、人類」であり、その全能性の宣言がルソーの社会契約論であると述べ（PR, S.68）、さらに『独裁』においては、その神的な民衆権力たる構成的権力とは一般意志であると指摘している（D, S.137）。しかもルソーにおいて民衆は、「感情的な共同体（Gemeinschaft）」として歴史化され、「無限の無意識」となった「超個人的な全人（Gesamtindividuum）」である（PR, S.78）と言われる。シュミットにとって、個人主義的反逆者として出発したロマン主義者ルソーは、同時に民族主義的なコレクティヴィストとなった魅力的な思想家だった。

ただしシュミットには、ルソーの一般意志が、一面ではあらゆる特殊な個別意志を超えた神的な「正しさ、破壊不可能性、道徳的純粋性」を有する民族的自我でありながら、他面では、万人ないし多数の意志による合意や対立する諸利害の均衡によって獲得されるべき、総体利益でもあることが不可解でならない（D, S.117-120）。つまり一般意志には、各人の特殊意志とは異なる絶対的に上位にたつ同一性と、そこに統合されている人々各々の実質的意志の代表＝表象であるという矛盾が孕まれているのである。この同一性と代表＝表象の同時成立性という矛盾は、後の『憲法論』においてより詳細に展開されることになる。ひとまず『独裁』においてシュミットは、一般意志の主体たる構成的権力は、ルソーにおける立法者と独裁の統合である、という解決を暫定的に示すに止まっている。シュミットは以下のように説明している。

まずルソーの立法者とは、国民投票のような一般意志それ自体とは異なるが、「体制（憲法）の外部にありかつ体制に先立って」あり、神的使命によって権威づけられた「法的力なき法＝権利（Recht ohne rechtliche Macht）」「力なき法＝権利（machtloses Recht）」として行為する（D, S.125f.）。これにたいしルソーの独裁とは、一般意志によって「構成された権力」の「委任」であり、「法なき全権（Allmacht ohne Gesetz）」「法＝権利なき力（rechtlose Macht）」として行為する（D, S.123）。そしてシュミットによれば、構成的権力とは、ルソーが定式化したこの「力なき法＝権利」と「法＝権利なき力」との対立が融合されて、「独裁的な立法者」あるいは「憲法制定的独裁」が成立したときにはじめて現実化すると理解されているのである（D, S. 126）。

スピノザにおける最高権力と代表＝表象

以上、シュミットの構成的権力論とルソーの社会契約論との関係をみたが、それと対比するために、スピノザがルソー的な社会契約論をどう考えていたかを、必要最低限ここで確認しておかねばならない。スピノザはルソーより一世紀前の思想家であるから、「スピノザがルソー的な社会契約論をどう考えたか」という問いは、ナンセンスに響くであろう。しかし実はスピノザはその著作『神学政治論』（一六七〇年）のなかで、ルソーの社会契約論の原型をすでに提示している。この興味深い思想史的事実にことさら注目する研究が現れるのは、シュミットの時代におけるドイツの公法研究誌においてである。メンツェルやエクシュタインといった、ユダヤ人であったりナチに追われたりと、政治的にはシュミットと対抗関係にあったと思われる研究者たちが、ルソーの政治思想の原型はすでにスピノザのなかにあり、社会契約論の論理構造が同一であること、また政治生活を通じた倫理的陶冶にかんして類似した主張が存在すること、などの研究成果を公表していた[15]。こうした法思想家たちのスピノザ理解は、今日の水準からすれば充分なものとは言い難いが、彼らが、当時のドイツにおけるシュミット的なルソー像ないしはシュミット的な構成的権力の理解に抗して、別の民衆権力の様式をルソーやスピノザのなかに見出そうと希求していたと推測するのは、あながち間違いではないだろう。

スピノザが、人民（populus）自身による人民自身の自己統治を後のルソーの社会契約論と同様の論理形式によって論じているのは、『神学政治論』においてであり（TTP, C.16, pp.191-195, 下一六七－一七八頁）、その限りでスピノザは、社会契約論とは、ユダヤ民族の歴史や政治が語られる聖書物語（historia）の解釈や分析と同一の、「神学的政治」の事象に属するとみなしていたことが分かる。そこでのスピノザの議論によれば、まずルソー的な社会契約論は自然権（＝自然法）の論理としてはたんなる抽象的理論に止まり、現実には非理性的な民衆（multitudo）によるポピュリズムやアナーキズム、あるいは至高権（supremum jus）による暴政といった状況が引き起こされる。ネグリが強調するのとはやや異なり、スピノザは民衆という集合力自体に、能産的自然とアナロガスに考えられるような、存在上あるいは本質上の無限の創造的力や肯定性を付与していたわけではなく、むしろ民衆の力と運動の危険性を充分承知し警告していた。それゆえスピノザは、ルソー型民主政の理念は、変容されて具体化されなければならず、また非理性的な民衆が、あたかも信義（fides）と徳（vertus）にもとづいて公の法＝権利（jus publicum）を尊重しているかのような結果を生む、統治（imperium）の制度化と民衆の自発的意志による服従が重要なものとなるという議論を展開する（TTP, C.17, pp.201-203, 下一八九 - 一九四頁）。

その歴史的典型例としてスピノザが検討するのが、ヘブライ国家に他ならない。彼は、出エジプト後のヘブライ人たちは自然状態にあり、後にルソーによって定式化されるのと同様の社会契約によって最高権力（summa potestas）を樹立しようと決意した、と聖書を解釈している。しかしそれは、ヘブライ人たちが各人の自然権を、人間ではなく神に全面的に委譲することによってのみ、現実化した。この政体は、神のみが主権者（suprema majestas）であり、市民法（jus civile）と宗教が同一である点で、神権政治（Theocratia）と呼ばれたが、各市民が本来もっていた自然権を、委譲後も変わらずに対等に保持し続けたがゆえに、民主政（Democratia）にきわめて近い政体とみなされている（TTP, C.17, p.206, 下二〇一頁）。神託や神の法（lex）を受け取り解釈するという権利は、本来全市民の各々に帰属したが、人々は合意によってその権利をモーセに委譲した。モーセの死後、「モーセは後継者たちに神権政治と呼ばれる行政（administratio）の形式を遺したが、そこにおいては神の法を解釈する権利と、すでに解釈されてある法にしたがって行政を行う権利や力は、それぞれ別々の手にゆだねられた」(TTP, C.17, p.208, 下二〇四頁)、とスピノザは聖書を解釈している。

律法の優位と同化ユダヤ人の国家パラダイム

以上のようにルソーの社会契約論を媒介として、スピノザとシュミット両者の構成的権力の具体的イメージを比較してみると、その相違は明らかである。まずスピノザが民主政の現実的モデルとして、ギリシャのポリスやローマ共和制ではなく、ユダヤの聖典(旧約聖書)におけるヘブライ共和国(res publica)に範をとっている点は注目に値する。スピノザにおいては、ヘブライの人民＝民衆の自然権(自己保存力)の合成によって形成された最高権力は、個人や集団の「法なき力」としてではなく、神託ないし神の法としてのみ代表＝表象された。しかもその法は、キリスト教的自然法や社会契約論のような抽象的な規範とは異なり、モーセやその後継者ないし預言者たちによって具体的状況のなかで解釈される民族の法としてであった。いわばそれは、「力なき法＝権利」にとどまることなく、歴史的な具体性をもって権能を発揮したのである。また神の法は独裁的な主権者によってではなく、司法と行政が分離され、さらに連邦的に構成された十二支族の諸権力が相互に制限し均衡しあう機構のなかでのみ、その効力を発揮し現実化されるとみなされている(TTP, C.17, p.209, 下二〇五-二〇六頁)。こうした構想は、シュミットによる民衆の構成的権力のイメージ、つまり「力なき法＝権利」である立法者と「法＝権利なき力」である独裁との融合という構想とは、明らかに対立的である。

ちなみにスピノザは、ヘブライの啓示宗教がもつ法的効力は、ヘブライの統治の滅亡とともに消滅した（TTP, C.19, p.230, 下二五三頁）と理解しており、またヘブライ民族のみを対象とした神の啓示の限定性や、そこから発する偏狭な選民意識にたいし批判的に言及している（TTP, C.3, pp.44f., 上一二〇頁以下）。そうした記述から判断して、スピノザが論じているヘブライの法とは、流浪の民ユダヤ人に固有なタルムードなどの宗教法ではなく、あくまでナショナルな意味での国法であろう。とすると、ユダヤ共同体を破門されて世俗的ユダヤ人となり、メンデルスゾーン以降ドイツ啓蒙思想の哲学的支柱となったスピノザのヘブライ国家論は、シュミットにとっては、同化ユダヤ人の国家パラダイムそのものであると言っても過言ではない。

すでにシュミットは、スピノザからマルブランシュにいたる汎神論が「真の実在」を非人格的な法則性に転化させ、人格神を一般的な自然秩序に服せしめたことは、政治革命家が君主を一般意志に服せしめようとしたことと軌を一にすると指摘していた（PR, S.103）。彼は、スピノザ、ルソー、シェイエスという各々の思想が連関をもち、しかもスピノザが人格神を自然法則へ解消したのと同様、一般意志をシュミットの表象とは異なるものへと変換してしまう可能性に気づいてはいた。しかしシュミットは、スピノザが、ルソー的社会契約論をヘブライ国家型の民主政へ変容させつつ、人民＝民衆の権力と法の関係について論じた点に言及しようとはしない。そこにみてとれるのは、能産的＝所産的自然というスピノザ自身の概念を援用しつつ、対立的なスピノザの議論をシュミット自身の構成的権力論へ理論的に回収してしまおうとする、意識的ないしは無意識的なシュミットの身振りであり、それは同時に、スピノザの末裔である同化ユダヤ人の思想にたいするシュミットの理論的態度そのものでもあった。

第四節　憲法制定権力の実存的代表＝表象と反ユダヤ主義の顕在化

同一性としての民主主義と同種性としての国民

構成的権力論をめぐるシュミットとスピノザとの対立点は、『独裁』（一九二一年）以降しだいに顕在化していくように思われる。シュミットは、『政治神学』（一九二二年）において決断主義の立場を明確にし、それと理論的に平行して著した『ローマ・カトリシズムと政治形態』（一九二三年）においては、代表＝表象のあり方をカトリック的秩序のアナロジーとして構想した[16]。一九二六年にいたると、『現代議会主義の精神史的地位』（一九二三年）に付した序言においてシュミットは、ルソーの社会契約論における自由な契約による国家の正当性の創設という自由主義的要素は、一般意志論とは不整合だとして切り捨て、民主主義を「同質性（Homogenität）」の概念によってのみ定義づける[17]。それは「治者と被治者との同一性」であるとともに、「異質者の排除と殲滅」をともなう人民の全員一致的な同一性であり、翌年の『政治的なものの概念』（一九二七年）において明示されることになる、友敵概念による自己同一性の形成原則を不可欠な要素としていた。

そして最終的には、構成的権力は『憲法論』（一九二八年）における「憲法制定権力（verfassunggebende Gewalt）」の理論として体系的に展開されるが、そこでシュミットは、スピノザの構成的権力論との決別を明らかにする。シュミットは次のように述べている。「憲法制定権力の実証的な理論を、……その［スピノザの］汎神論的形而上学から区別する必要がある。……能産的自然に類比される構成する権力という形而上学は、政治神学の理論に属する」と（VL, S.80）。ではシュミットによる憲法制定権力の実証的な理論とはどのようなものであろうか。

まずシュミットは、諸個人の自発的結合から国家は生じないとして、体制（憲法）を生み出す憲法制定権力の行為を自由主義的な社会契約の理論とは明確に区別する（VL, S.61）。そもそも民主政においては、その政治的統一体として同一性をもつ民衆（Volk）が前提されなければならず（VL, S. 206, 214）、同一性の要素が高まれば高まるほど支配服従関係は縮小し、理想的民主政に近づく（VL, S.215）。「国民（Nation）として実存しない民衆は、なんらかのしかたで民族的に（ethnisch）あるいは文化的に同類であるにすぎないが、政治的に行動する能力のある統一体としての民衆は国民である」（VL, S.79）、とシュミットが指摘するように、より正確には「憲法制定権力の主体」は「国民」と言うべきであろう（VL, S.78f.）[18]。しかも『憲法論』においては、憲法制定権力に基礎をおく連邦的で民主的な体制にとって、「ある規定された同種性（Gleichartigkeit）、つまり実質的同質性」がとくに重要な役割をはたす（VL, S.65）と述べられ、同質性が反ユダヤ主義的ニュアンスの「同種性」と等置されるにいたる。

憲法制定権力における同一性と代表＝表象

ではシュミットが『独裁』のころからこだわり続けた、一般意志の同一性と代表＝表象の矛盾という問題は、どのように解決されたのだろうか。『憲法論』においては、「同一性（Identität）と代表＝表象（Repräsentation）」とは、民衆が保持しなければならない相矛盾する二つの「政治的形成原理」とみなされる。まず「民衆は政治的意志をもつかぎり、いかなる形づけや規範化をも超越している。民衆は組織化されない多数性（Größe）として解体されえない」（VL, S.83）以上、民衆の実存の様式（Art und Form）は一定の同一性として固定的に代表＝表象されえず、「道徳的または法的規範によって正当化されもしない（VL, S.87）。民衆による政治的決定が根本的な創造性や革命性を帯びている以上、制定される新たな憲法は、旧憲法における憲法律（Verfassungsgesetze）（憲法制定意志を執行するための規律）が規定する憲法改正の手続きに準拠する必要はなく、そもそも民衆に正当性、合法性、正統性を与える権能など存在しない。「私法の領域で個々の生ける人間が自己の実存を規範的に基礎づける必要がなく、またそうすることができないように、国家、すなわち民衆の政治的統一体は実存するのであり……、正当性、合法性、正統性の権能のもとにあるわけではない」（VL, S.89）。

しかし他方でシュミットは、この形式や規範を超越した表象不可能な組織されない民衆が示す政治的意志は、同一性として表象＝代表されなければならないと考えている。それも秘密個人投票による人民投票のような機械的集計や、「人民意志の有権的な代表者や解釈者」の選出による表示は「反民主政的」であり（VL, S.80,83）、多数決や代表議会による意志はたんなる手続きの正統性を示すのみで、民主政的正統性には値しない（VL, S.87,90）。民衆の政治的意志は、公論（öffentliche Meinung）（VL, S.80, 245-247）として代表＝表象可能なのであり、私人の意見（特殊意志）の機械的な集合や心理的操作によって煽動されたたんなる意見とは区別される。しかもそれは委任、代理、事務管理、受任、信託などが可能な何らかの「機関（Organ）」としてではなく、統治する者として、つまり人格的に「公的存在として高まった実存」として代表されなければならないのである（VL, S.208, 210, 212）。こうしたドイツ民族の政治的同一性の代表を構想するシュミットの志向は、やがて国家社会主義ドイツ労働者党の総統へと帰着する(19)。

こうしたシュミットの同一性と代表＝表象の論理が、国家という実存をもたない流浪のユダヤ民族と、また同一性を律法としてのみ維持し、キリストという神の代理人としての人格的表象を欠如させているユダヤ人の発想と、鋭く対立していることは明らかであろう。しかもシュミットはすでに『独裁』において、憲法制定権力と法との関係を理論化し、また民衆権力の同一性と代表＝表象という二重規定を問題視していたのであり、それがルソー的な社会契約論をヘブライ民族による律法支配の民主政へと変容させた、スピノザの同化ユダヤ人的な政治論と対抗的に方向づけられていたことを考えると、シュミットの反ユダヤ主義的傾向は、ヴァイマール時代から一貫した論理的根拠の上に成り立っていたと推測されうるのである。

反スピノザとしてのノモス

しかしシュミット自身が、反スピノザと反ユダヤ主義を直接関連づけて表明するようになるのは、ようやく一九三八年の『トマス・ホッブズの国家論におけるリヴァイアサン』にいたってからである。しかもそこにおいてシュミットは、反スピノザと反ユダヤ主義がどのように理論的に繋がっているかについて、彼自身で内在的につきつめて検討することはできなかった。シュミットは、リヴァイアサンという神話的アナロジーのうちには、宗教にかかわる主権者の神としての要素、社会契約論によって機械的に構成される代表主権という人格の要素、法治国家における合法性の体系という機械の要素、などの各要素が注意深く統合されていたにもかかわらず、ささいなほころびゆえに理論的にも歴史的にも崩壊してしまったと宣言する。そのほころびとは内面における信仰の自由であり、そこに目をつけ個人主義的自由をメスにリヴァイアサンの内在的な破壊にのりだした者こそ、スピノザに他ならない。「彼［スピノザ］はただちにこれがホッブズの樹立した内外・公私の関係を逆転させる、近代自由主義の巨大な突破口たりうることを看取した。スピノザは一六七〇年刊の『神学政治論』の有名な第一九章でこの逆転を成功させた」(L. S.86) と、シュミットは述べている。

しかしそもそも当初からアンビヴァレントな解釈によってホッブズ国家論を引き裂いていたのはシュミット自身であり、ホッブズ国家論が歴史的に破綻して新しい神話的再生が阻まれた原因が、スピノザとその末裔たちにあるというシュミットの議論に、理論的説得性は乏しい。ユダヤの神は、しばし巨獣リヴィアサンと戯れて遊ぶが、千年王国の開幕とともにリヴィアサンは屠殺され、祝福されたユダヤの住人たちの食卓に供されるという、出所不明なカバラの説を巧みに利用した反ユダヤ主義的イメージも、スピノザの『神学政治論』や名指しされる同化ユダヤ人思想家たちの思想と何の関係もない。つまりシュミットは、スピノザの『神学政治論』の議論と自分自身の議論との本質的相違がどこにあったのかを、自覚的に理論化し精算することはできなかったのである。

それゆえにこそ、ホッブズ的な国家による政治的なものの独占というシュミットの見解が終わりを迎え、政治的なものの境界が国家から新たなラウムへと展開されることになっても、シュミットとスピノザの間に横たわる理論的葛藤は解決されなかった。なぜならばシュミットは戦後も、「ユダヤ人と比べれば、コミュニストでさえ悪魔のような敵に値するかは疑わしい。……同化したユダヤ人こそが真の敵である」(一九四七年九月二五日)[20]、という立場を変えていないからである。『大地のノモス』(一九五〇年)においてもシュミットは、ドイツにおける法(Gesetz)という言葉は、ギリシャの「ノモス」という言葉と違って、ユダヤの律法(Gesetz)とキリスト教の恩寵および福音との神学的な対立を深く内在させていると指摘している。[21]シュミットのノモスにとって、スピノザは相変わらず対立的であり続けていたと言えよう。

政治的力は法によってどこまで代表=表象可能か

シュミットとスピノザの構成的権力をめぐる問題は、キリスト教とユダヤ教、ドイツ人と同化ユダヤ人といった、歴史上連綿と続いてきた深刻で不幸な対立に連なる問題であり、第二次大戦後イスラエル国家が誕生したことによって、シュミットとスピノザとの間に横たわる問題はますます複雑化した。スピノザが偏狭なユダヤ民族の神を批判していたにもかかわらず、シオニストはスピノザの神政国家の議論からインスピレーションを得たからである。今日ではこうした問題群に根をもつ政治的対立の影響は、極東の日本という異なる文化的領域に住む私たちにさえも、直接的に及んでいる。

二〇世紀初頭は、近代以降長い年月をかけて周到に訓育されるに至った政治的力が、さまざまな社会的システムによる制御の網の目を破って噴出し、世界的規模の戦争や革命という暴力的形態にまで高まった時代であり、現在と不気味な類似性を帯びている。シュミットの構成的権力論は、法や規範や制度を越える政治的力の一局面と諸様態とを鋭く捉えており、しかもそれを非組織的民衆の革命的で創造的な力とみなす点で、今日のネグリの政治哲学へと繋がるような魅力的な要素を含んでいた。しかしそうしたシュミットの構成的権力論がもつ魅力と危険性とを慎重に識別するために、シュミットとスピノザの対抗点は、参照すべき問題を含んでいるように思われる。

シュミットは民衆の構成的権力が、自然法などの抽象法や、憲法や実定法などによって代表＝表象されることを拒否した。他方スピノザは、民衆の最高権力が神の形象や声として、あるいは人格として代表＝表象されることを回避し、それが構成された権力の外部にありながら構成された権力の内部で機能するような、またそれを神法として代表＝表象させるありかたを模索した。当時スピノザはヘブライ神政国家を（さらに言えば彼が居住していたネーデルラント共和国を）例証として考えていたが、現代の私たちは、民衆による構成的権力を代表＝表象させる規範的な法をどのようなものとして考えることが可能だろうか。それは宗教の律法だろうか、憲法だろうか、国際法だろうか、あるいは自然法やカントの道徳（自己立法）のようなものであろうか。そもそもそうした法は相互にしだいに収斂していくのだろうか？　いずれにしても私たちは現在でも、シュミットとスピノザとの深刻な緊張関係のなかに相変わらずある。

注

（1）この概念規定は、シュミットを「新自由主義的」と批判したヘルマン・ヘラーによってなされたものだが、今日そうした視点からシュミットの思想を総括した研究として、Cristi, Renato, *Carl Schmitt and Authoritarian Liberalism: Strong State, Free Economy*, Cardiff: University of Wales Press, 1998 を参照。

（2）Schmitt, Carl, *Politische Romantik*, München/Leibzig: Duncker & Humblot, 1919(6.Aufl., Neusatz auf Basis der 2. Aufl., 1925, Berlin, 1998), S.64.（橋川文三訳『政治的ロマン主義』未來社、一九八二年）。本書からの引用ならびに参照箇所は、以後、本文ならびに注において、PRという略記号で注記する。

（3）Schmitt, Carl, *Der Leviathan in der Staatslehre des Thomas Hobbes: Sinn und Fehlschlag eines politischen Symbols*, Hamburg: Hanseatische Verlagsanstalt, 1938, S.118.（長尾龍一訳『リヴァイアサン　近代国家の生成と挫折』福村出版、一九七二年）。本書からの引用ならびに参照箇所は、以後、本文ならびに注において、Lという略記号で注記する。

（4）「シュミットはヴァイマール体制の擁護者であった」というテーゼを提示した典型として挙げられるのが、Schwab, G., *The Challenge of the Exception: An Introduction to the Political Ideas of Carl Schmitt between1921 and 1936*, Berlin: Duncker & Humblot, 1970（服部平治・初宿正典・宮本盛太郎・片山裕訳『例外の挑戦』みすず書房、一九八〇年）や、Bendersky, J. W., *Carl Schmitt: Theorist for the Reich*, Princeton:

Princeton U. P., 1983（宮本盛太郎・古賀敬太・川合全弘訳『カール・シュミット論——再検討への試み』御茶の水書房、一九八四年）である。こうした見解にたいし、たとえば田中浩や安世舟は、シュミットは初期から一貫してヴァイマール体制に敵対的であったことを論証している（『思想』一九八八年一二月「カール・シュミット再審」における、田中浩「カール・シュミット考——知識人と政治」、安世舟「カール・シュミットはワイマール共和国の擁護者であったか」）。少なくともスピノザとの関係において、シュミットの反ユダヤ主義が初期より一貫しており、その理論的対立点がどこにあったかを提示することは本章の目的の一つである。古賀敬太氏もケーネンやゾンバルトを挙げつつ、「シュミットの反ユダヤ主義がすでにヴァイマール時代に築きあげられつつあったという事実を看過してはならない」（古賀敬太『カール・シュミットとカトリシズム——政治的終末論の悲劇』創文社、一九九九年、四五八頁）と述べている。

（5）『独裁』の段階における力と権威の相違と矛盾は、『憲法論』における同一性と代表＝表象の矛盾と分離ほどには明確化されていない。シュミットは『憲法論』にいたると、力には主権（Souveränität）や至高性（Majestät）といった現実的力が、権威には伝統や持続にかかわる継続性にもとづく威望（Ansehen）が属すると、両者の相違について説明し、両者は国家において相互並列的に存在するが、政治的統一体の同一性と代表＝表象という二つの形式に対応すると示唆している。Schmitt, Carl, *Verfassungslehre*, München/Leibzig: Duncker & Humblot, 1928 (9.unveränderte Aufl. Berlin, 2003), S. 75f. Anm. 本書からの引用ならびに参照箇所は、以後、本文ならびに注において、VLという略記号で注記する。

（6）Schmitt, Carl, *Die Diktatur: von den Anfängen des modernen Souveränitätsgedankens bis zum proletarischen Klassen-kampf*, München/Leibzig: Duncker&Humbolt, 1921 (6.Aufl. Neusatz auf Basis der 2. Aufl., 1928, Berlin, 1994), S.21.（田中浩・原田武雄訳『独裁　近代主権国家の起源からプロレタリア階級闘争まで』未來社、

一九九一年)。本書からの引用ならびに参照箇所は、以後、本文ならびに注において、Dという略記号で注記する。

(7) シュミットの構成的権力論と左翼的ないしはマルクス主義的な政治論との間に存在する奇妙にねじれた親和性は、シュミット自身が一定の留保をしつつ語った、プロレタリア独裁にたいする親近感のうちにも示されている。シュミットは、レーニン的なプロレタリア独裁が、歴史の内発的・有機的発展過程という歴史哲学的規範を前提とし、その進展を阻む作為的・機械的障害（ブルジョアジーの反歴史的行動）を排除する機械的・外的手段として自らを位置づける点で、独裁自体が目的である専制主義と異なると評価する。またさらに実現されるべき正しい法の規範性、それを実現するための手段としての力（独裁）、および既存の実定法の各々を相互に分離する点をも高く評価している（D, S. XXII）。しかし他方でこのように自らを機械的・合理的手段と化すプロレタリア独裁は、成果達成のためのたんなる手続きの支配という意味で法による支配と同様であり、支配の主体を不明瞭にする点で批判される。同様の論旨は『現代議会主義の精神史的地位』第三章でも展開されている。

(8) なおシュミットの議論の問題性とは別に、M・ヴァルターも指摘するように、フランス革命時の思想家たち、とくにシェイエスがルソーの『社会契約論』を媒介にして、スピノザの『政治論』から影響を受けたという社会思想史上の連関は存在している。Vernière, Paul, *Spinoza et la pensée française avant la révolution*, Paris: PUF, 1954, Tome II pp.684-686 参照。

(9) Negri, Antonio, *The Savage Anomaly*, translated by Michael Hardt, Minneapolis: University of Minnesota Press, 1991 (*L'anomalia selvaggia. Saggio su potere e potenza in Baruch Spinoza*, Giangiacomo Feltrinelli Editore, 1981), pp. 129–135.

(10) Walther, Manfred, "Carl Schmitt et Baruch Spinoza: ou les aventures du concept du politique", dans *Spi-*

noza au XXe siècle, sous la direction de Olivier Bloch, Paris: PUF, 1993, pp.364f. ただしヴァルターは、シュミットからネグリへと継承された構成的権力論とスピノザのムルティテュード論との共通点に注目し、それを肯定的にのみ評価するため、ネグリの議論がもつ問題点や、構成的権力論とスピノザの『神学政治論』におけるルソー的な社会契約論の問題とのつながりを捨象している。そのため、一九三八年のシュミットの著作で展開されるスピノザ批判は、シュミットの自由主義批判、ないしは自由主義を欠如させたシュミットの民主主義概念の不十分性としてのみ扱われ（*ibid.*, pp.369f.）、シュミットが初期から一貫して抱いている反ユダヤ主義的要素については言及されない。

（11）以下、スピノザの著作については、Gebhardt 版 *Spinoza Opera*,（Carl Winters, 1925）の当該箇所と岩波文庫の邦訳頁数を、下記の略記号を使い、本文ならびに注において注記する。

E: *Ethica Ordine Geometrico Demonstrata.*（Bd. II）（畠中尚志訳『エチカ――倫理学』上・下、岩波文庫、一九五一年、改訂版一九七五年）

TTP: *Tractatus Theologico-Politicus.*（Bd. III）（畠中尚志訳『神学・政治論――聖書の批判と言論の自由』上・下、岩波文庫、一九四四年）

（12）Schmilt, Carl, *Politische Theologie; vier Kapital zur lehre von Souveränität*, München/Leipzig: Duncker & Humblot, 1922（7. Aufl. Neusatz auf Basis der 2. Aufl., 1934, Berlin, 1996）, S.50.（田中浩・原田武雄訳『政治神学』未來社、一九七一年）。

（13）スピノザにおけるムルティテュードの力能と能産的自然の概念を媒介にして構成的権力を思考するネグリの発想のうちにも、シュミット的な構成的権力の理論が混入されている点に留意が必要であろう。ネグリは、シュミットの構成的権力論を、非合理的で暴力的なものとして批判し（Negri, Antonio, *Le pouvoir constituant:*

essai sur les alternatives de la modernité, Paris: PUF., 1997, p. 10, 杉村昌昭・斉藤悦昭訳『構成的権力 近代のオルタナティヴ』松籟社、一九九九年、三〇頁)、自らが志向する構成的権力を、国家・民族・人種・人民などの壁を越えた「開かれたムルティテュードの欲望に立脚する力」「生政治」「主体の新しい可動性と異種混合性」といった言葉で語っている(Hardt, Michael & Negri, Antonio, *Empire*, Cambridge, Massachusetts, London, England: Harvard U. P., 2000, pp. 361f. 水嶋一憲他訳『帝国』以文社、四五三頁)。しかし民衆権力を規範的に絶対化する傾向があるネグリの言説に、たとえば「今日の政治哲学が最初に提起すべき問いは、抵抗や叛乱がありうるか否か、さらにいえばなぜありうるか否かですらなく、いかにして叛乱すべき敵を定めるかである」(*ibid.*, p.211, 同右書、二七六頁)というシュミット的な発言が垣間見られるのには、ある種の論理必然性がある。

(14) こうした経緯は、自己保存力を基礎にすえたスピノザの政治論は、弱肉強食や全体主義国家を正当化するという、戦後ドイツの一部で根強いスピノザ解釈を産み出す一因にもなった。そうしたスピノザ解釈として Steffen, Hermann, *Recht und Staat im System Spinozas*, Bonn: H. Bouvier, 1968 を参照。

(15) 以下の諸論考を参照。Menzel, Adolph, “Der Sozialvertrag bei Spinoza”, in *Zeitschrift für das Private und Öffentliche-Recht der Gegenwart*, Bd. XXXIV, 1907. Eckstein, Walther, “Zur Lehre vom Staatsvertrag bei Spinoza”, in *Zeitschrift für öffentliches Recht*, XIII, Wien: Verlag von Julius Springer, 1933. Eckstein, Walther, “Rousseau and Spinoza: Their Political Theories and their Conception of Ethical Freedom”, in *Journal of the History of Ideas*, vol.V, num. 3, June, 1944.

(16) シュミットにおいて初期から一貫して重要な位置を占める「再現前(Repräsentation)」の概念が、カトリック教会の秩序原理とヨーロッパ公法を媒介させる上で要諦をなし、『憲法論』においては、近代初期の(フランス)絶対王政の国家モデルを、市民的法治国家のフォルムとしてのヴァイマール共和制に導入する作業を完結させた理論的経緯については、和仁陽『教会・公法学・国家　初期カール＝シュミットの公法学』東京大学出版会、一九九〇年、一一五、二八四－二八七頁を参照。また当時の代表的なカトリック思想家とシュミットの思想とを丹念に比較検討した研究として、古賀敬太、前掲書を参照。

（17）Schmitt, Carl, *Die Geistesgeschichtliche Lage des heutigen Parlamentarismus,* München: Duncker & Humblot, 1923（7. Aufl. Unveränderter Nachdruck der 2. Aufl., 1926, Berlin, 1991）, S.19f.（稲葉素之訳『現代議会主義の精神史的地位』みすず書房、一九七二年）。

（18）なおこうしたナチオーンの同一性の代表的事例としてシュミットは、フランス絶対君主政治による国家的統一からフランス革命時における構成的権力へと、フランス人民と政治的構成体が連続していることを好んで挙げ、さらに一八七一年のドイツ帝国憲法と一九一九年のヴァイマール憲法との構成的権力の主体がともに連続したドイツ人民であることをも強調している（VL, S.95）。この連続性の強調によってシュミットの憲法制定権力の議論は、ヴァイマール憲法の旧帝政や君主制との革命的断絶を強調し、自由民主主義的体制を考察することを意図したかのような外観のもと、もうひとつの別の可能性へと大きく舵をとる結果ともなった（Dyzenhaus, David, *Legality and Legitimacy: Carl Schmitt, Hans Kelsen and Hermann Heller in Weimar,* New York: Oxford U. P., 1997, p.51）。

（19）Schmitt, Carl, *Positionen und Begriff: im Kampf mit Weimar-Genf-Versailles, 1923-1939,* Hamburg: Hanseatische Verlagsansfalt, 1940（3, Aufl, Berlin: Duncker & Humblot, 1994）.

（20）Schmitt, Carl, *Glossarium: Aufzeichnungen der Jahre 1947-1951,* herausgegeben von Eberhard Freiherr von Medem, Berlin: Duncker & Humblot, 1991, pp.17f.

（21）Schmitt, Carl, *Der Nomos der Erde: im Völkerrecht des Jus Publicum Europaeum,* Köln: Greven, 1950（4.

unveränderte Aufl., Duncker & Humblot, Berlin,1997), S.39.（新田邦夫訳『大地のノモス』福村出版、一九七六年）。シュミットは、旧約聖書に由来するユダヤの掟（Gesetz）、およびそこから由来すると彼が解釈する法治国家の概念と、キリスト教的な恩寵・福音、および神聖な法（Recht）によるゲルマン的な具体的秩序思考を対立的に捉えている。この点について、およびシュミットがプロテスタント神学からギリシア語のノモス概念を援用し、lex（Gesetz）を誤訳と非難しつつ反ユダヤ主義を展開した点については、Gross, Raphael, »Jewish Law and Christian Grace« —— Carl Schmitt's Critique of Hans Kelsen, in Diner, Dan and Stolleis, Michael eds., *Hans Kelsen and Carl Schmitt: A Juxtaposition*, Gerlingen: Bleicher Verlager, 1999, pp.104-106, および、ラファエル・グロス、山本尤訳『カール・シュミットとユダヤ人』法政大学出版局、二〇〇二年、六九－七三頁参照。

（補注）近年本論題と関係する研究書、佐野誠『近代啓蒙批判とナチズムの病理——カール・シュミットにおける法・国家・ユダヤ人』創文社、二〇〇三年、一二月、が刊行されたが、すでに脱稿後であったため、参照することができなかった。

第八章　ポスト形而上学時代における政治的「無神論」
――マルクス「宗教一般」の再検討

第一節　ポストモダンにおける「無神論」と「無・無神論」との共存

政治的「無神論」の意義

昨今の欧米思想において、宗教と哲学、宗教と政治との関連を新たに問い直す理論的試みや系譜学的な思想史の再吟味、また無神論を含めた宗教間対話などが進められている。そうした試みのひとつとして、寛容でリベラルな多元的社会を目指す欧米のポスト形而上学的な「無神論者」たちは、各種の神学や宗教との共存を図るため、政教分離という意味での政治的「無神論」を譲れない一線としつつ、形而上学的主張としての無神論を脱構築して、哲学的宗教的世界観からフリーな公共空間を多元的に共有するプロジェクトを提起している。じっさい第一節でみるように、ポストモダン神学者との間の理論的共存も進んでいるが、そこで共有されつつある政治的「無神論」がどのような本質的問題を孕んでいるかについては検討される必要があろう。その一端を探るため第二節では、政治的「無神論」にたいする批判の祖とも言うべきマルクスの議論を、現代的視点から再検討する。最後の第三節では、マルクスが批判的に提示した問題点にたいし、ポスト形而上学的「無神論」の立場に立つ政治哲学がどのような解答や対応を与えているのか、その理論的相違と問題点を指摘して結論とする。

ポストモダンと呼ばれた思想の数々は、まずは形而上学を批判するポスト形而上学的な無神論として登場した。メタ・ナラティヴなヘーゲル的形而上学を一神教として批判し、還元不可能な多元主義を提示したリオタールの「異教」(paganisme) しかり、神学への一切の連関を阻止すると主張したデリダの脱構築しかりである。しかし、こんにちではそうしたポストモダンの「無神論」的思想そのものが、無神論や宗教批判の意義の喪失に拍車をかけ、さらには神学の基礎づけを提示したとさえ言われる。たとえば、脱構築派からみた宗教や神学の意味を精力的に展開するJ・D・カプートは、そうした事例の典型としてデリダに注目する。デリダの主張によれば、来るべき (à-venir)「準‐無神論的なもの」とは、従来の宗教やメシアニズムとは異なり、それらを脱構築した「信仰」(foi) であり、理性と矛盾しない。しかし同時にそれは、あらゆる人々、そしてとりわけ虐げられた人々のために正義を切望する「メシア性」(messianité) であり、認識的知を超えた啓示を絶対的出来事と認める「宗教なき宗教」でもあるからである。(1)

カプートによれば、こうしたデリダの議論に限らず、ヘーゲル的弁証法を退けて通約不可能な無限の差異を肯定するドゥルーズのような思潮や、J・デューイ、W・ジェイムズなどのプラグマティズムの系譜を経由してR・ローティに至るアングロ・アメリカ系の「反基礎づけ主義」の思潮も、結果的に同様の機能を果たしたことになる。超越論的設定とは最も縁遠いはずの反基礎づけ主義も、宗教や神学の本質主義的な成立根拠を破壊すると同時に、科学の歴史を共約不可能なパラダイム転換によって基礎づけたクーンやヴィトゲンシュタインの言語ゲームの影響により、科学をも相対主義的なアスペクトのもとにおいたためである。カプートは、ポストモダン的な「無神論」が神学の復権を導いたロジックとして、(1)共約不可能な多元性として宗教的言説自体に再び権利要求をしたこと、(2)宗教的言説をある大きな物語や形而上学的理念に解消してしまうドグマ（宗教を、抑圧されたものの嘆きに還元したマルクス、心理的空想に還元したフロイト、弱者のルサンチマンに還元したニーチェなどの見方）が葬りさられたこと、(3)神／世界、魂／身体、永遠／時間などの二項対立的概念が脱構築された結果、宗教／世俗、有神論／無神論、神学／非神学といった二項対立図式が無意味化したこと、という三点をまとめている[2]。

ではこうして形而上学的な有神論や無神論の数々が脱構築されたのちに、無神論が主張される意味や意義は何だろうか。たとえばローティによれば、強い主張としての無神論は有神論や原理主義と同じく存在理由はなく、哲学対神学という対立軸よりも本質主義対反本質主義、真理対自由の方が重要な対立軸となる。それゆえ「無神論」は、公共空間に宗教や聖職者団体が宗教権力として現われることに反対し、宗教の私事化を主張する反教権主義的な政治的主張としてのみ有効である[3]。なおローティは、この政治的な「無神論」を個人の包括的な世界観としての無神論と区別して、政治的「無神論」を公に主張する市民を、無神論者ではなく「世俗主義者」と呼んでいる[4]。ここでは議論の関係上、多義的な「世俗主義」という言葉を避け、便宜上、政治的「無神論」という呼称で統一しておこう。

ローティにとって政治的「無神論」とは、宗教の真の本質は何かといった本質主義的な問いから導出された結論ではなく、欧米における長年の歴史の教訓からプラグマティックに引き出された一般的合意としてのモラルである。つまり、宗教や神学や文化をめぐる諸問題が直接政治活動と結びつくべきではないという「ラディカルな啓蒙」は、哲学的真理や包括的な世界観ではなく、歴史主義的で反基礎づけ主義的な主張なのである。(5) この「慣習主義的（conventionalistic）に」、ないしは「ブルジョア的に」規定されるローティの政治的「無神論」は、同じく政教分離を主張するものの、先にふれたデリダのメシア的な「準‐無神論」が、「来るべき民主主義」と超越的な正義による法と政治の構築と、歴史的時間の断絶を熱望するポスト・マルクス主義的アスペクトを取るのとは、かなり方向性や射程を異にする。(6) しかしここでの問題はそこにはない。むしろ両者の哲学的見解の相違にもかかわらず、無神論の意味と有効性が、世界観や真理としての問題から政治（ないしは倫理的政治）の領域に移され、政治的「無神論」がミニマムな一致点になっている点を確認したい。

公共圏の大同団結

政治的「無神論」者は、宗教の私事化を主張するがゆえに、逆説的だが、宗教者が公共圏における一定の様式に従って公事に積極的に関わることを要請する。それは、彼らが前提とする多元主義的世界が、特定の世俗的世界観によって政治的に一元化されないために必要とされるのであり、また無神論者の側も、自らの主張を世界観ではなくシヴィルな見解として主張するルールを提示する。たとえばローティは、貧困の解決など社会正義が実現し、宗教が人々の幻想的な慰めではなく個人の生の意味づけや手助けとしてのみ存在するような世俗的ユートピアが到来しない限り、宗教がたんなる感情や私事や文学となり、社会的・政治的影響力を失うことを望まない。政教分離された公共空間では、攻撃的な差別発言(hate speech)は慣習上制限されるべきだとしても、宗教者による宗教的理由やテクストにもとづく主張を、法律的にも慣習としても妨害すべきではないのである[7]。

このようにポスト形而上学的な「無神論」者は、公共空間においては哲学的相違を保留するがゆえに、たとえばローティの哲学的立場がハーバーマスの掲げる普遍的妥当性の合理的な希求とは馴染まないとしても、彼らは政治的局面においてはおおむねハーバーマスの公共圏の構想を大同団結的に支持する。規範的に設定されたその公共空間においては、ポスト形而上学的に換骨奪胎されたヘーゲル的な相互承認論をモデルとして、他者に開かれた自由なコミュニケーション的理性が社会的に生成する。そこに参与する宗教者が、自らを表現するさいの権利要件や規則や作法については、政治的「無神論」者からさまざまに異なる提言がなされ、それをめぐって論争が存在するが、それらが宗教者にとって規制であるか勧誘であるか歓待であるかは、相対する神学者の教義や宗教者のさまざまな考え方感じ方に依存せざるをえないだろう。

なかでも現在、ポスト形而上学的な「無神論」に理論的にも政治的にも積極的に応答しようと試みる神学の潮流は、ポストモダン神学と呼ばれている。そのなかの一人であり、「弱い倫理」やニーチェ的ニヒリズムをローティと共有する神学者のG・ヴァッティモが、ローティとの対話において展開する議論は、ポスト形而上学的「無神論」とポストモダン神学とがどのようにして理論的に共存可能なのかを、典型的に示す一例である。

ヴァッティモが主張するところによれば、そもそもニーチェの「神の死」の主張は、福音書で言われる十字架上のキリストの死と相通じ、かつてディルタイが『精神科学序説』で語ったように、カントを分水嶺とし、ニーチェのニヒリズムを経由してハイデガーに至る形而上学の解体の方向性は、ルターやシュライエルマッハーによる聖書読解以来のキリスト教的な冒険の伝統に与するものである。そして民主主義体制が、客観主義的で形而上学的な真理の概念を掲げるべきでないことは、客観性の要求を解体させるキリスト教の贖いの意味に対応し、真理と慈善との間の緊張関係を癒す聖書や教会の立場にも合致している。結局、ローティのネオプラグマティズムやハーバーマスのコミュニカティヴな実践は、神学的見地と矛盾しない。それどころか、「より人間的で博愛的な立法を妨げるような市場法則や自然法則」、あるいは「テクノクラートや専門家や家父長的な集団」といった偶像からの解放は、キリストを介したポスト形而上学的哲学によって可能だと主張されている(8)。

「異形的な」思想と「他律的な」思想

先のカプートも指摘するように、近年のポストモダン神学は、デカルトからヘーゲルに至る形而上学を客観的な存在-神学(Onto-theologie)として批判し、歴史的な人間存在の構造を解釈学として切り開いたハイデガー、それ以前にヘーゲルの絶対知を根源的に批判していたキルケゴール、「事実はなく解釈あるのみ」と語って新たな解釈学的見地を開いたニーチェなどを、脱構築派と共通した思想的震源としている。[9] ポストモダン神学とは、「無神論」や「神の死」を神学的に組み込んだ上で構築される「無・無神論」ないし「神の死の神学」であり、彼らは、ニーチェ、ハイデガー、デリダ、ローティらのキリスト教批判を、形而上学的神（偶像）にたいする批判であっても、聖書の神そのものに向けられたものではないと解釈している。

それゆえポストモダンの神学者たちが重視する対立点は、もはや無神論であるか否かではなく、たとえば他者の痛みにセンシティヴな想像力をもつ倫理であるか否かといった点になる。他者性への配慮を欠いているニーチェ、ハイデガーにたいし、自己の脱構築と他者へのポテンシャリティを問題にするデリダ、ローティ、レヴィナスという緊張関係が、あるいはニーチェ、ドゥルーズ、ガタリのような、ニヒリスティックな力への意志や自己の欲望の拡張に肯定的な「異形的な」（heteromorphic）な思想と、デリダ、リオタール、レヴィナスのように、外部に他者であり続ける他者の力や、法に従う「他律的な」（heteronomic）な思想との区分が、重要となるのである。[10]

以上のように、ポスト形而上学的哲学者とポストモダン神学者たちは、一定の無神論的思想家と政治的「無神論」を媒介に共存可能であるがゆえに、公共圏が哲学的・宗教的世界観からフリーで（その意味で非宗教的で）他者に開かれた多元的な空間であるとの規範的前提を、現実化するための条件や手段についてプラグマティックに検討することを共通課題としえる。しかし、共有されたポスト形而上学的哲学と政治的「無神論」自体が、逆にある限定された場と原則を前提することになるのではないか、あるいは哲学的・宗教的世界観からフリーで他者に開かれた多元的な公共空間という規範的設定自体に本質的問題が潜んでいるのではないか、といった根本的懐疑は、彼らの相互対話からは提示されにくい。もちろん政治的「無神論」は、宗教と政治、私的領域と公的領域といった既存の境界設定や機能分化そのものにたいする異議申し立てが、公共空間に積極的に提示されることを歓迎している。しかしそうした公共圏の開放性や批判性や多元性を原理的に保証する前提条件が政治的「無神論」である以上、異議申し立てを可能にする条件そのものにたいする異議申し立ては、袋小路に陥る論理構造になっている。

それゆえここでは思想史的な迂回路を採り、ポスト形而上学者に形而上学的無神論の典型とみなされたマルクスに立ち帰って、別の角度から政治的「無神論」の問題性を考えてみたい。マルクスは「ユダヤ人問題によせて」において、北アメリカのような「無神論的国家、民主的国家こそが完成されたキリスト教国家」であるという象徴的な言葉で[11]、政治的「無神論」にたいする批判を展開している。一五〇年先のポスト形而上学的「無神論」とポストモダン神学の共存状況をあたかも予測するがごときマルクスの宗教批判には、ポストモダン神学の祖がフォイエルバッハだったという思想史上の位置も大きく影響している。「神学の秘密は人間学であるが、思弁哲学の秘密は神学である」（フォイエルバッハ『哲学の改革のためのテーゼ』）という周知のテーゼが示すように、フォイエルバッハ（L.A. Feuerbach, 1804-1872）は、人間世界の外部に超越した神を扱う神学を人間の類的本質を扱う人間学に置き換え、ヘーゲルによって完成された形而上学の伝統における「哲学者の神」を「神学」として批判することによって、神の超越性・普遍性をすべからく人間世界に内在的なものとした。かつてブルーメンベルクが皮肉ったように、[12] そうしたフォイエルバッハの宗教批判が、人間学の迂回路を通って「無神論的」神学を樹立する道をキリスト教に教えたのであり、現時点からみればフォイエルバッハこそが「無・無神論」の祖である。[13] ポスト・フォイエルバッハを意識した無神論者マルクスの宗教批判が、政治的「無神論」にたいする宗教批判に向かったのも、今からみると不思議な論理必然性のもとにある。

第二節　政治的「無神論」の宗教性とは何か

ユダヤ人問題によせて

「ユダヤ人問題によせて」はよく知られたテクストだが、そこに現れるマルクスは、ローティが言うような公私領域の統一を目指した形而上学的な無神論者とも、デリダが言うようなコミュニズムの到来を預言者的に語る「哲学的メシアニズム」の徒とも異なる顔をみせる。むしろ宗教なきユートピアを求めたのは、批判されたバウアーの方であり、バウアーは、国家や共同体に政教分離を、各人に宗教からの人間的解放を求め、各人相互の世俗的で批判的な討論に政治的決定を求めるよう、啓蒙主義的で自由主義的な主張を展開している。[14] そうしたバウアーの無神論的な宗教批判を、「宗教的」「神学的」とみなすマルクスの議論が分かりにくいのは、彼一流のレトリックの洪水もさることながら、彼が（本章で言うところの）政治的「無神論」の立場に立脚して、[15]「ユダヤ人問題」をめぐるアイデンティティ・ポリティックスを展開し、それによって自ら前提とした政治的「無神論」自体の宗教性を批判する、という禁欲的方法を採るためである。

まずマルクスによれば、「ユダヤ人問題」の解決の大前提は、北アメリカの自由諸州のように国家と宗教を分離したリベラルな国家の実現にあり、そこではユダヤ人がユダヤ教を廃棄せずとも公民権を得ることができる。またペンシルバニア州憲法やフランスの人権宣言が示すように、人権規定のなかには「良心の自由」や「宗教的礼拝の権利」「信仰の特権」も明示されている(16)。こうしたリベラルな国家においては、人は私的領域では宗教者であり、国家の公的成員としては宗教から解放された「無神論者」であり、生活は「ユダヤ人と国家公民とに、プロテスタントと国家公民とに、宗教的人間と国家公民とに分裂している(17)」ものの、公私の分裂は個人のなかで媒介され両立されることになっている。公的領域における政治的な普遍性と、多種多様な宗教が並存する私的領域との区別が成立して初めて、宗教問題は世俗的・政治的問題に還元され、ユダヤ教対キリスト教といった宗教対立の問題は解決可能になる。

ただしマルクスがユダヤ人の権利擁護の立場に立ちながら、ユダヤ教それ自体の成立基盤を「実際的な欲求とエゴイズム(18)」と言い切り、キリスト教側から侮蔑的に与えられたスティグマをそのままユダヤ人に投げつけたことは、マルクスの「自己憎悪」とも「反ユダヤ主義」とも評されてきた(19)。しかしそれが、こんにち言うところのアイデンティティをめぐる政治闘争《アゴーン》だったことは確かであろう。ユダヤ教が利益追求のエゴイズムであるのならば、それはキリスト教と同様、現実の資本主義的社会で普遍的に機能するブルジョア市民の個人主義にすぎないことになり(20)、また歴史・戒律・生活習慣等々すべての点で固陋な民族的特殊性に固執する共同体的なユダヤ教と、民族宗教の特殊性を越えた普遍主義的キリスト教という、両宗教陣営が共有し続けてきた対立図式も間違いであることになる。マルクスは、差別的な表象の集合体には論理一貫性がないことを利用して、その解体のプロセスを差別的な表象自身に語らせるのである。

マルクスによる表象構造破壊の戦略

それゆえ、マルクスによる表象の選択はかなり考え抜かれたものである。ランプロプロスによれば、そもそもドイツ啓蒙期以降、メンデルスゾーンからアドルノまで、あるいはハーマンからハイデガーに至るまで、ユダヤ人のアレゴリーを主としてギリシャ・モデルとの比較から構成することが、いわゆる「ユダヤ人問題」の論じ方の定石であり、とくに一九世紀はヨーロッパでギリシャ思想のリヴァイバルが著しかった時期だった。そのなかで、ヘブライズム対ヘレニズム、エルサレム対アテネ、啓示宗教対哲学的理性という対立の表象構造を拒否した数少ない例外が、マルクスだった(21)。マルクスは、自らが前提としたリベラルな政治的「無神論」の原則に従って、一切の宗教的・文化的対立を示す表象や概念規定を除外し、「ユダヤ教＝市民社会におけるブルジョア市民のエゴイズム」という規定のみを取り出し、議論の展開においても、宗教的・文化的規定はもちろん、自分の哲学的世界観をもち込まない。彼が使用するのは、リベラルな国家が理論的前提としている境界区分やレトリックのみであり、国家と市民社会、公人と私人（öffentlichen und Privatmenschen）、公的領域における国家公民と私的領域における宗教的人間、限定的な公民権が保証する普遍的政治生活と普遍的人権が保証するエゴイスティックな生活、普遍的利益と特殊利益等々、普遍と特殊をめぐって矛盾する反照関係が幾重にも織り成された近代的な政治構造を次々と取り出してみせる。このような手法によって「ユダヤ人問題」を論じながら、それがユダヤ人に特有な問題ではなく、リベラルな国家と政治的「無神論」の構造そのものの問題であることが暴露される仕組みになっている。

マルクスによれば、リベラルでデモクラティックな国家における公的・政治的領域は、経済的所有形態から自由なものとして、また政教分離によって宗教から自由なものとして設定されている。その結果、公的領域における自由で平等な非現実的な普遍性（公民権や人権）と、市民社会ないし私的領域における出生、身分、教育、職業などの現実的特殊性（差異性）とが相互に必然的に反照しあう構造的関係に置かれている。それゆえ私的領域では、物質的な要素としての私的所有と精神的な要素としての宗教が本質的な要素となり、また経済的な格差や宗教の差異性は消失するのではなく、反照関係にたつ普遍性を媒介（Medium）に回り道して認知される構造のなかに置かれ、逆に差異化（区別と対立）へと解き放たれる。そしてそうした反照関係は、普遍性と個別性を抽象的な反省規定として観念的に区別しつつ統合するヘーゲル弁証法や、また人間の神的性質と神そのものとをキリストが媒介する「キリスト教の幻想性」と同様の論理構造をなしている、とマルクスはみなしている。[22]

「宗教一般」の成立

それゆえ特筆すべきは、北アメリカが「完成されたキリスト教国家」であるのは、たんに「ボーモン、トクヴィル、イギリスのハミルトンらが口を揃えて保証しているように、……とりわけ信心深い国」[23]で、キリスト教徒が多数派を占めるからではない。その真相は、政治的「無神論」の体制を採る国家では、キリスト教徒であろうとユダヤ教徒であろうと無神論者であろうと、個々人は抽象的な仕方で公私両領域を分離させ、かつまたそれを抽象的な仕方で統一するために、「宗教一般」(Religion überhaupt)という幻想的で超越的な媒体をもたざるをえず、しかも歴史的には、他宗教に対して「普遍宗教的」(universalreligiös)に振る舞ってきたキリスト教の形式のもとに、多様な世界観が集団的に区別されつつ並列的に包摂される(gruppieren)という形態が、最も実現されやすかったからである[24]。つまりマルクスが、「宗教的人間と国家公民との相違は……生きている個人と国家公民との相違に他ならない[25]」と述べているように、「宗教一般」とは、従来「生きている個人」が現実の自分の世界や生活を丸ごと関わらせていた具体的な信仰や信念(無神論を含む)とは異なる、それゆえキリスト教そのものとも異なる、国家公民と反照関係にある宗教を意味している。これまでマルクスの宗教批判が正しく理解されず、「民衆のアヘン」(『ヘーゲル法哲学批判』「序説」)という言葉が一人歩きしてしまったのは、この「宗教一般」が正しく読み取られなかったことにも一因があろう。

こうした「宗教一般」の成立は、西洋に特有な歴史的状況のなかで次第に形成された。とくに宗教改革以降、プロテスタンティズムによる宗教の内面化・私事化と「圏」(sphere)、「領域」(field)等の概念による宗教の定義づけは、明確な境界づけと内面化が可能な、大文字の「宗教なるもの」の一枚岩的で広範な成立に大きな役割を果たしたと言われる[26]。それに加えて、あるいはそれと密接に関連して、既存の具体的な諸宗教を変換・包摂し、「宗教一般」を成立させるうえで決定的な役割を果したのは、マルクスが分析するように、近代国民国家における政教分離と政治的普遍性の創設と進展であろう。それが、キリスト教とユダヤ教の間のような宗教間の普遍・特殊論争の発生や推移と深く絡んでいることは言うまでもない。こんにちイスラームの立場から欧米の世俗主義の問題点を考えるタラル・アサドは、想像の共同体としての近代国家は、常に構築されたイメージと感情に媒介されなければ成立しえず、そのために各自の階級、性、宗教による種々のアイデンティティを超越的に媒介する「世俗主義」を必須とすると述べている[27]。多義的な「世俗主義」をこうした意味で使用するのであれば、政教分離によって各人の具体的信仰・信条を変換・包摂した「宗教一般」こそ、構造的にはアサドが「世俗主義」と呼ぶものにきわめて近く、世俗化が進めば両者は同じものになる。そしてそれが国家主義やナショナリズムに流れる危険性を秘めていることは、構造上明らかであろう。

さてマルクスが政治的「無神論」にたいして提示した問題点を簡単にまとめよう。彼は、さまざまな宗教や世界観（無神論）の共存のためには、公的領域における「無神論」的な政治的普遍性の成立と宗教の私事化という政教分離が不可欠なことを認める。しかしその結果再認されるのは、政治的普遍性（当時は国家）との反照関係のなかでのみ認知可能な、具体的信仰を変換・包摂した「宗教一般」である。それゆえ政治的「無神論」は、宗教者だけに政治的「無神論」者としての公的生活と宗教者としての私的生活への分割という負荷を負わせるわけではなく、無神論者も含めたすべての人々に「宗教一般」の共有という負荷を等しく負わせる矛盾した試みなのである。

第三節　政治的「無神論」はいかに超越的媒介の成立を阻止しうるか

マルクスvs.リベラル・アイロニストとしてのローティ

以上のようなマルクスの批判にたいして、現代のポスト形而上学的「無神論」者はどのように答えるだろうか。ローティは、社会正義を追求するマルクスの思想を市民としては共有しつつ、マルクスのように公的なものと私的なものとの分裂の克服を理論的に企図することは、たいへんな危険を生む形而上学的議論である、という教訓を自らの哲学的出発点に置いている(28)。この時期のマルクスが、私的領域と公的領域の分裂を克服し、物質的・利己的な市民社会における生活と、精神的で幻想的な人間の類的・共同的生活とを現実に融合させる真の「社会」の実現を目指し、疎外の意識である「宗教一般」の廃棄を指向した、と解釈するのはローティに限らず一般的なことである。確かにマルクスの記述からそうしたメッセージを読み取ることを誤りとは言い難いが、そこから引き出された数々の社会主義（コミュニズム）やアナキズムや共同体主義の政治的実践のほとんどは、マルクスが批判した幻想的な超越的媒介を強力に実演して終わった。結局マルクスの「理論」が危険だったのか、その「解釈」が危険だったのか、引き出された「政治的実践」が危険だったのかは判定がつかず、先の反ユダヤ主義の場合と同様、歴史のなかに残されたテクストが後にどのような機能を果たすかは、本人のあずかりえない未来のコンテクストに属する。前節でみた限りでは、公的なものと私的なものとの幻想的統一を望まないという点においては、マルクスとローティとは一致しえる。むしろ両者の根本的相違は、それをどのような方法で阻止するかにある。

ローティは、私的な領域における自律や自己創造などの生の探求と、公的領域における連帯や社会的責任などの政治問題との結合を放棄するという、リベラル・アイロニストの方向こそが、両者を幻想的に統一する媒体の成立を阻止し、リベラルな社会の擁護に繋がると考える。しかし当然ながらマルクスは、ローティのような問題解決に有効性を認めないだろう。マルクスは、政治的「無神論」によって分離された公的なものと私的なものは、超越的媒介によって幻想的に統一されざるをえない構造に置かれている以上、その構造的問題に切り込まない限り問題解決はない、と考えるはずである。そのためにマルクスが行ったのは、被支配的な位置に置かれている人々のアイデンティティの表象を賭け金に、リベラル・デモクラシーと政治的「無神論」が前提とする、公的領域と私的領域、国家と市民社会、公民権と人権をはじめとした境界区分や概念規定に含まれる普遍と特殊との相矛盾する諸関係を明るみに出し、それによって現実に揺さぶりをかける理論的実践だった。

ポスト・マルクス主義者たちによるアゴーンの政治

こうしたマルクスのアイデンティティをめぐる政治闘争の発想は、こんにちのポスト形而上学的多元主義者のなかでは、シャンタル・ムフのようなポスト・マルクス主義者たちに継承されている。彼らは宗教問題についても、ロールズやハーバーマスのようなデリバレイティヴな民主主義のモデルとスタンスが異なることを強調する。ムフによれば、本来、政治の目的とは、人間関係における数々の対立や差異から生じる敵対性《アンタゴニズム》を、民主主義的で多元的な論争を通じたアゴニズムへと和らげ、排除や殲滅をともなわない新しい共存様式を創造することにある。にもかかわらず、デリバレイティヴな民主主義のモデルが、宗教をたんに私的領域の問題（特殊な感情的な問題）に切り下げたまま、政治的・公的領域で理性的コンセンサスが可能だと考えることは、宗教のような対立的な問題を、政治的審議において正当に位置づけないまま政治から締め出すことを意味する。彼女によれば、そもそもメンバーシップとしての「市民権」という概念は、個人主義的概念としては理解不可能で、一定の同質的・集合的要素と倫理的・政治的価値を前提にせざるをえない側面を現実的にもっている。また宗教が政治的行動にたいする正当な動機として役割を担ったり、宗教グループが社会的正義にかんする闘いに参加することは頻繁に起こり、つまりは民主主義において正当で技術的な手続きと実質的で包括的な倫理的コミットメントとを完全に切り離すロールズのような議論は、成り立ちえないと言うのである(29)。

もちろんムフやコノリーのように、アイデンティティをめぐる政治闘争に敏感な論者も、宗教をはじめとしたアイデンティティやそれにまつわる敵対性を、客観的に固定された本質主義的な閉鎖性として理解しているわけではない。アイデンティティが本質主義的なものではないという前提があるからこそ、既存の社会的差異を政治闘争化することによって、差異的なアイデンティティが変容され、市民相互の同等な接合関係が新しく形成され、普遍的同等性を前提とする公的領域と差異の力が維持される私的領域（複数存在する）との間の境界線が、絶えずズラされ溶解することが可能だからである(30)。当然ながら、このように絶えずアイデンティティを変容させつつ流動的に構成される多元主義的な社会と個人のイメージは、一九世紀のマルクスがもっていた、権力が階層的に遍在する実在的な社会空間での支配・被支配関係の集団的逆転というイメージとは決定的に異なる。むしろ異なるからこそ、政教分離とリベラル・デモクラシーによる宗教の私的領域への切り下げと同時並行的な「宗教一般」や「世俗主義」の立ち上げ、というマルクスが危惧した事態を、アイデンティティをめぐる政治闘争によって阻止できる可能性が成り立つと考えられる。

「市民的徳」としての「普遍的宗教」

しかし興味深いことは、こうしたアゴーンの政治を成り立たせるためには、ポスト形而上学的多元主義者であろうとも、さらに言えばポスト形而上学的多元主義者であるがゆえに、アイデンティティの変容を可能にする多元的な政治的社会的空間を維持しえる、政治的倫理性や市民的戦闘性を全市民に要求せざるをえない。たとえばコノリーは、「文化的な相対主義」者は「絶対的な寛容」や「基準の放棄」を主張しているのではなく、ユニタリアニズムや排他主義的運動に抗して、文化的に多元主義的な価値の表出を可能にするような公共空間を、戦闘的に擁護するエートスを主張している、と敷衍する。(31) コノリーはそのエートスを「市民的徳」と呼び、レオ・シュトラウスのような本質主義的主張にたいする批判と応答として提示する。そもそもシュトラウスが、歴史主義や相対主義を批判し、古典哲学的な価値や宗教的信念による政治の基礎づけを求めるのは、ヴァイマール共和国時代における「ユダヤ人問題」に端を発している。シュトラウスは、公的領域と私的領域の分離と多数決原理を原則とするリベラル・デモクラシーが、リベラル・デモクラシー自体を支える価値基準をもたず、私的領域ないしは社会的領域における具体的差別や排除の問題に無関心かつ無力であったがゆえに、ホロコーストを阻止しえなかったと考えた(32)。コノリーは、こんにちのイスラームとの共存問題がかつての「ユダヤ人問題」とある種の同型性をもっていることを意識した上で、シュトラウスのような本質主義とは異なる方向性を選択すべきことを強調し、「市民的徳」とは、それぞれの異なる信仰を横断する「普遍的徳(general virtures)」であると説明する。

ネオ・スピノチストを自称するコノリーが、もし「普遍的徳」をスピノザにおける「普遍的宗教」から引き出しているのだとすれば、それはハーバーマスが、民主的立憲国家における市民の連帯と能動性の基礎として求める、宗教、言語、民族を捨象した非宗教的でポスト形而上学的な共和主義的メンタリティ(33)とはかなり異なるものであろう。しかし「市民的徳」であれ「共和主義的徳」であれ、各々の宗教的信条を超えてリベラル・デモクラシーが要請する政治的倫理が、マルクスが批判した幻想的で超越的な媒介とは異なるものであるという保証、あるいはそうしたものに堕さないという保証はどこにあるのだろうか。そうした徳が、具体的な宗教的倫理や哲学的倫理観あるいは宗教的権限を政治倫理や政治的権限から区別し、それぞれの宗教的信条(あるいは哲学的世界観)を再定義しつつ統合的媒体として振る舞うのであるとすれば、それは明らかに「多元的」で「開放的」な超越性を形成しうるであろう。しかもそれが歴史的にキリスト教に親和的であること、最悪の場合、擬似ナショナリズム的なものに転化する契機を含んでいること、またそれは国家に限らず脱国家的な政治体を含め、一定の「普遍性」を設定せざるをえないすべての政治体において起こりえること、これらは十分自覚されなければならない。

そしてそうした結果を回避するために、ローティのように公的領域と私的領域の共約不可能性を強調して、最初から両者の分裂を甘受するアイロニカルな個人主義者に留まったほうが、よりリベラルでマシな政治的結果が帰結する、と考える論者が出てきても不思議ではない。あるいはローティのようなポスト形而上学的多元主義とは全く逆の方向からニーチェ以降を意識するシュトラウスのように、各人が古典主義的な形而上学的価値や無神論をも含めた信仰や信念に頑迷に固執し、相対主義的な妥協を拒否することによって世界観同士の共約不可能性と多元性を維持したほうが、リベラル・デモクラシーにとってよりマシな政治的結果が帰結する、[34]という論者が出てくるのも同様に不思議ではない。いずれにしても、マルクスの提示した問題にたいする理論的解答と実践的処方箋は、ポスト形而上学的な政治的「無神論」者の間でさえ一致しているわけではない。

政治的「無神論」というアポリア

かつて近代の曙から戦間期にいたる西洋において、ユダヤ教文化はその実態いかんにかかわらず、キリスト教文化のように啓蒙主義的な哲学的「無神論」を成功裏に経由し、政教分離という意味での政治的「無神論」を他の宗教や哲学とともに共有しうるほどに進化可能なのか、そしてユダヤ人は近代社会ないしはリベラル・デモクラシーを実現する国家の成員として同化可能なのかが問われ続けた。「ユダヤ人問題」の推移と帰結は、欧米社会が宗教問題や他者理解を論じるさいに常に立ち帰る記憶の原点だが、こんにちでも同様の啓蒙や政教分離を試金石とした疑念が、「ユダヤ人問題」とは全く異なる問題であるはずのアラブ系住民との共存問題などに投げかけられる。そのようななかで、世界観としての宗教や哲学的立場を問うことなく政治的「無神論」を共有しようとする、ポスト形而上学的「無神論」のプロジェクトが根本的にどのような問題を孕んでいるのかは、思想的にも歴史的にも根本的に再検討される必要があるだろう。かつての「形而上学的無神論者」マルクスの批判にならえば、政治的「無神論」によって設定される公共空間は、各人の現実世界や生活と丸ごと関わっている具体的な宗教的信仰や哲学的信念を変換・再認することによって、公私両領域を幻想的に媒介する「宗教一般」(ないし世俗主義)を立ち上げ、その下に多様な世界観を多元的かつ開放的に、排他的集団ごとに配列しつつ統合する巧妙な「無神論」的な場である、ということになる。これはすでに長らく歴史のなかでは実際に問われ続けてきた問題であり、ポスト形而上学的「無神論」の政治哲学者たちもさまざまな理論的解答を試みているが、まだ定まった解答はない。しかもこの問題の緊要性を最も鋭く感じているのは、職業的な理論家たちではなく、実際に宗教と政治、私的領域と公的領域といったもろもろの境界設定や機能分化のあり方にたいし、具体的な異議申し立てを行っている人々であろう。こうした人々は、自分の文化的世界と具体的な生活を支えるリアルで包括的な信念を提示し問うているのであり、抽象的理論の辻褄合わせを求めているのではないからである。

注

（1）ジャック・デリダ／ジョン・D・カプート編『デリダとの対話――脱構築入門』（高橋透・黒田晴之・衣笠正晃・胡屋武志訳）法政大学出版局、二〇〇四年、二九－三五頁。Caputo, John D., *The Prayers and Tears of Jacques Derrida: Religion Without Religion*, Bloomington/Indianapolis: Indiana University Press, 1997, §11.

（2）Caputo, John D.,"Atheism, A/theology, and the Postmodern Condition", in *The Cambridge Companion to Atheism*, ed. by Michael Martin, Cambridge: Cambridge University Press, 2007, p.269.

（3）Rorty, Richard,"Anticlericalism and Atheism", in *The future of Religion/Richard Rorty and Gianni Vattimo* ed. by Santiago Zabala, New York: Columbia University Press , 2005, pp.30-33.

（4）Rorty, Richard,"Religion in the Public Square: a Reconsideration", in *Journal of Religious Ethics* 31, no.1 (Spring, 2003), pp.142, 149.

（5）Rorty,"Anticlericalism and Atheism", p.41.

（6）ローティ自身は、デリダも同様に私的なものと公的なものとを結びつけようとする試みを断念し、「私的なアイロニーとリベラルな希望」を擁護していると解釈している（Rorty, Richard, *Contingency, Irony, and Solidarity*, Cambridge/New York: Cambridge University Press, 1989, pp.65, 83, 125. 齋藤純一・山岡龍一・大川正彦訳『偶然性・アイロニー・連帯――リベラル・ユートピアの可能性』岩波書店、二〇〇〇年、一三六、一七一、二五六頁）。しかし近代的主体の「自律（autonomy）」の位相にデリダをおくローティのデリダ解釈には誤りがある。デリダの認識論的形而上学的立論からは、ローティのブルジョア・リベラリズムが見落としている倫理政治的な観点――周辺化され排除され抑圧され犠牲となった他者への対応や、エスノセントリズムやユーロセントリズムへの疑念など――が本質的に帰結する。この点については、Caputo, John D., "On Not Circumventing the Quasi-Transcendental: The Case of Rorty and Derrida", in *Working through Derrida*, ed. by Gary B. Madison, Evanston: Northwestern University Press, 1993, pp.164-166 を参照。

(7) Rorty, Richard, "Religion in the Public Square: a Reconsideration", pp.143-149.

(8) Vattimo, Gianni, "The Age of Interpretation", in *The future of Religion*, pp.46-47, 50-51.

(9) Caputo, John D., "Atheism, A/theology, and the Postmodern Condition", pp.268, 270-272.

(10) Thacker, Justin, *Postmodernism and the Ethics of Theological Knowledge*, Hampshire/Burlington: Ashgate, 2007, pp.5-7.

(11) Marx, Karl, Zur Judenfrage, *Karl Marx/Friedrich Engels Werke*, Band 1, Leipzig: Dietz Verlag Berlin, 1976, S. 357.（徳永恂訳「ユダヤ人問題によせて」、中山元・三島憲一・徳永恂・村岡晋一訳『マルクス・コレクションI』筑摩書房、二〇〇五年、二〇一頁）。

(12) Blumenberg, Hans, *Die Legitimität der Neuzeit*, Erneuerte Ausgabe, Frankfurt a. M.: Suhrkamp Taschenbuch Wissenschaft, 1966, S.14.（斎藤義彦訳『近代の正当性I　世俗化と自己主張』法政大学出版局、一九九八年、七頁）

(13) カプートは、近年のポストモダン神学（「無・無神論」ないし「神の死の神学」）の試みとして、マーク・C・テイラーによる"a/theology"（スラッシュは、theism と atheism の間にある非決定的な状況を意味する）を代表例としつつ、ジョン・ロビンソン、ドン・キューピット、トマス・J・J・アルティツァー、チャールズ・ウィンクイスト、ジャアンニ・ヴァッティモなど現代の神学者を多数挙げ、そうした系譜をティリッヒ、ボンヘッファー、ブルトマンなどに遡ったうえで、根源的な震源をフォイエルバッハに求めている（Caputo,

“Atheism, A/theology, and the Postmodern Condition”, p.276.)。

(14) バウアーとマルクスとの応答をめぐる詳細は、植村邦彦『同化と解放――一九世紀「ユダヤ人問題」論争』平凡社、一九九三年、野村真理『西欧とユダヤのはざま――近代ドイツ・ユダヤ人問題』南窓社、一九九二年、良知力・広松渉編『ユダヤ人問題』御茶の水書房、一九八六年等を参照。この点にかんするバイオグラフィーや歴史的背景を含む思想史研究の蓄積は膨大で、とくに右記をはじめとした日本における研究・翻訳はきわめて優れたものである。本章の叙述はそうした社会思想史的な研究になにごとかを付け加えるものではない。

(15) マルクスは「ユダヤ人問題によせて」において、ユダヤ人の政治的解放に近代国家が果たした肯定的意義と成果を、ブルジョア社会に依存する否定的側面とは区別して積極的に評価しており、近代国家とアナロジカルに捉えられたキリスト教にたいしても、肯定的評価と否定的限界とを区別している。この点については、Leopold, David, *The Young Karl Marx: German Philosophy, Modern Politics, and Human Flourishing*, New York: Cambridge University Press, 2007, pp. 134-149 を参照。

(16) Marx, Karl, a. a. O., S.351, 362-364.(マルクス、前掲書、一九一、二〇九-二一一頁)。

(17) Ebenda, S. 357.(前掲書、二〇〇頁)。

(18) Ebenda, S. 374.(前掲書、二二四頁)。

(19) こうした見解は、M・ウルフソン『ユダヤ人マルクス』(堀江忠男監訳)新評論、一九八七年、一四一-一四五頁、Kaplan, Francis, *Marx Antisémite?*, Imago et Berg International, 1990, pp.43-50, レオン・ポリアコフ『反ユダヤ主義の歴史Ⅲ』(菅野賢治訳)筑摩書房、二〇〇五年、五五六-五六八頁等多数存在する。

(20) この点についてはすでに植村が、「近代市民社会=キリスト教の側がユダヤ教徒に対してもつ《悪しき偏見》を、そっくりそのままキリスト世界の側に突き返すことによってそれを批判する、価値転倒のレトリック」

だったことを指摘している（植村邦彦、前掲書、二二一－二二六頁）。レオポルドも、マルクスによる「宗教的安息日のユダヤ人」（Sabbatsjude）と「宗教色のない平日のユダヤ人」（Alltagsjude）の区別を重視し、後者のような近代国家における市民社会の成員としてのユダヤ教徒は、キリスト教徒と同様、宗教的コミットメントやナショナリティ・エスニシティ・人種の相違をなんら斟酌されないという点にその主張の眼目があったとし、マルクスの反ユダヤ主義を否定している（Leopold, *op. cit.*, pp.164-170）。なお、当時イデオロギーと呼ばれた表象をめぐる政治闘争に天才的才能をもっていたマルクスは、ユダヤ教徒が自らの価値剥奪を普遍とみなすようなアイデンティティの規定、あるいは自らの文化やアイデンティティの変容を同化主義的に被らざるをえないようなアイデンティティの規定を慎重に避けている。それによってマルクスは、一方では、ユダヤ人が権利獲得のために権利所持にふさわしい普遍的な市民性や政治体に参画可能な文化能力を身につける必要があるというバウアーの立場を、他方では、公民権と人権の獲得がユダヤ教徒の社会的同化や共同体的ユダヤ教の私事化を進展させる、と恐れるユダヤ伝統主義者の立場を、双方ともに（望む方向性は異なるがユダヤ人のアイデンティティの規定の仕方は同一である）、理論的に退けることができた。

（21）Lambropoulos, Vassilis, *The Rise of Eurocentrism: Anatomy of Interpretation*, Princeton, N.J.: Princeton University Press, 1993, p.149. なお、ヴィンケルマン以降のドイツにおけるギリシャ文化の強力な影響力については、Butler, E. M., *The Tyranny of Greece over Germany: a Study of the Influence Exercised by Greek Art and Poetry over the Great German Writers of the Eighteenth, Nineteenth and Twentieth Centuries*, Boston: Beacon paperback, 1958 を参照。

（22）Marx, Karl, a. a. O., S.353-354.（前掲書、一九四－一九六頁）。

（23）Ebenda, S.352.（前掲書、一九二頁）。

(24) Ebenda, S.361.（前掲書、二〇六頁）。

(25) Ebenda, S.355.（前掲書、一九八頁）。

(26) Salvatore, Armando, *The Public Sphere: Liberal, Modernity, Catholicism, Islam*, New York: Palgrave Macmillan, 2007, pp.48–49.

(27) タラル・アサド『世俗の形成——キリスト教、イスラム、近代』（中村圭志訳）みすず書房、二〇〇六年、五－六頁。

(28) Rorty, *Contingency, Irony, and Solidarity*, pp. xiv–xv, 120.（ローティ、前掲書、三－五、二四〇頁）。

(29) Mouffe, Chantal, "Religion, Liberal Democracy, and Citizenship", in *Political Theologies: Public Religions in a Post-secular World*, ed. by Hent de Vries and Lawrence E. Sullivan, New York: Fordham University Press, 2006, pp.322–326.

(30) エルネスト・ラクラウ・シャンタル・ムフ『ポスト・マルクス主義と政治——根源的民主主義のために』（山崎カヲル・石澤武訳）大村書店、一九九二年、二八四－二八八頁。

(31) Connolly, "Pluralism and Faith", in *Political Theologies: Public Religions in a Post-secular World*, pp.280–281, 285.

(32) Strauss, Leo, "Preface to the English Translation," *Spinoza's Critique of Religion*, New York: Schocken Books, 1965,（高木久夫訳「『スピノザの宗教批判』英語版への序文」、スピノザ協会編『スピノザーナ』第一号、学樹書院、一九九九年／西永亮・飯島昇藏訳「『スピノザの宗教批判』への序言」、『リベラリズム古代と近代』（石崎嘉彦・飯島昇藏訳者代表）ナカニシヤ出版、二〇〇六年）。

(33) ハーバーマス『ポスト世俗化時代の哲学と宗教』（三島憲一訳）岩波書店、二〇〇七年、一一頁。

（34）この点の詳細については、第一章を参照。なおシュトラウスが、欧米のポスト形而上学的多元主義者たちにとって最も警戒すべき人物の一人であるのは、シュトラウス没後の一九八〇年代以降、シュトラウスの弟子筋の一部がエヴァンゲリカル・クリスチャンの政治運動との繋がりを強めたため、シュトラウスの名前や理論とキリスト教原理主義のイデオロギーとの繋がりが誤ってイメージされることにも起因している。

あとがき

本来、本書は、二〇〇七年度におけるイエール大学での在外研究の後に上梓される予定だった。当時、*Spinoza, Liberalism, and the Question of Jewish Identity* (1997), *Spinoza's Book of Life* (2003), *Reading Leo Strauss* (2006)、と矢継ぎ早にスピノザやシュトラウス関係の質の高い研究を出版していたスティーヴン・スミス教授から、「イエールで合流しよう」という楽しいヴィジョンを聞かされ、今まで考えもしていなかったアメリカでの在外研究という発想を得た。かねてから私は、スピノザに端を発する同化ユダヤ人問題や、神権政治の問題、政治と宗教にかかわる問題、それがやがてヴァイマール共和国を経てヨーロッパ人の問題に広がっていた長い世紀の問題に、わずかずつ思想史的にあるいは理論的にアプローチしてきた。しかしそれからいつの間にか、2001／9／11という象徴的な日時を境に、問題はアメリカをも巻き込んでグローバルと言われるレベルにまで至っていたことに、気付かなかったのである。

二〇〇七年五月の美しい連休を前に、イエールでの受け入れがすべて正式に整った、とのうれしい知らせをスミス教授から得た。ところが不思議なことに、その知らせと同時に私は発病した。当初一、二年遅れで出発しようと考えていたが、残念なことに、私の病は難病であることが分かり、現在は治療中である。

すでに昔の論稿は、十年前のものも存在し、とりわけ二〇〇一年以降、この分野で多くの論考が提示された。その意味で、不十分な点も多々あるかもしれず、また、屋上屋を重ねる感も免れないかもしれない。しかしながら、本書に収められた論考は、問題の本質を十分にとらえていると自負している。

*

本書の元になった既発表の論文は、以下のとおりであるが、一冊の著作にまとめるにあたって、若干の加筆、修正を加え、再構成した。

第一章 「〈グローバルなリベラル・デモクラシー〉と〈ワイマールの亡霊〉――レオ・シュトラウスの浮上は何を物語るか」（山脇直司・丸山真人・柴田寿子編『グローバル化の行方』ライブラリー相関社会科学10、新世社、二〇〇四年）

第二章 「神は嫉妬深いか?――同化主義とシオニズムのはざま」『現代思想』（青土社、一九九八年四月）

第三章 「西欧近世にみる開放的共存の思考様式――スピノザにおける神権政治と民主政」（『中世思想研究』第四八号、中世哲学会年報、二〇〇六年）

第四章 「古典主義時代における歴史の概念と政治神学」（『レオ・シュトラウスの哲学とシュトラ

ウス学派政治思想の研究』平成一七〜一九年度科学研究補助金（基盤研究B）研究成果報告書、二〇〇八年三月）

第五章「コスモポリタン・デモクラシーと理性vs啓示の争い」（「世界市民と国際秩序の再検討――カント没後二〇〇年にあたって」二〇〇四年一二月四日講演、京都ドイツ文化センター）

第六章「〈光の物語〉と〈闇の記憶〉――アーレントにおける政治と歴史認識」（『現代思想』青土社、一九九七年七月）

第七章「構成的権力論と反ユダヤ主義――力と法をめぐるシュミットとスピノザの邂逅」（臼井隆一郎編『カール・シュミットと現代』沖積舎、二〇〇五年）

第八章「ポスト形而上学における政治的無神論」（『岩波講座　哲学13　宗教／超越の哲学』岩波書店、二〇〇八年）

療養中の私は、数多くの人々に支えられているのを実感しているが、ここでは直接本書の出版に関わってくれた人にお礼を述べたい。東京大学大学院総合文化研究科後期博士課程在学中の斎藤拓也氏は、留学中のドイツから帰国し、第五章の加筆、修正を手伝ってくれた。彼の誠意と尽力に心から感謝している。

服部美樹さんは、この著作の完成に最も力をかしてくれた。療養中の私の出版計画を知るや、全面的にバックアップ態勢を整え、寄り添ってくれた。彼女とはいつしか、著書の完成という目的をこえてつながっている。彼女のユーモア、強さ、優しさにどれほど助けられたことか。彼女の存在がなければ、著書を完成することができるどころか、このように心穏やかに療養生活をおくることはできなかった。

出版を快諾してくださった東京大学出版会および編集を担当してくれた小暮明氏にも感謝申し上げる。

最後に、二十数年にわたり私を心から大切にし、研究生活を理解してくれた夫と息子に、ありがとうと言いたい。彼らの支えがなければ、私は学究生活に踏み出すことも歩みとおすこともできなかっただろう。これまで私に注いでくれた彼らの愛情に感謝し、また私から彼らへの愛情と、これからも共にあり続けるという思いと願いをこめて、夫紀彦と、息子淳平にこの本を捧げたい。

二〇〇九年一月

柴田寿子

追記

本書は、柴田寿子先生が、療養中の二〇〇九年一月に東京大学出版会に渡されたご論稿を所収している。その後、初校の作業に入るのをまたずに、先生は二〇〇九年二月四日に永眠された。しかしながら、東京大学大学院総合文化研究科の諸先生方のご尽力により、突然のご逝去にもかかわらず、本書は出版に至ることができた。

本書完成までの作業は、生前に、先生のご意思とご家族の同意により服部に任され、柴田先生の恩師である一橋大学名誉教授田中浩先生（現在、聖学院大学大学院教授）と、柴田先生の直弟子である斎藤拓也氏にご助力を願うことが確認された。お二人はこの依頼を快諾してくださった。

作業にあたっての方針は、柴田先生のご意思を最大限尊重しつつ、刊行物としての完成度を高めることであった。編集担当の小暮明氏のご協力のもと、この方針に基づいて作業が進められた。その具体的内容、分担については、次のとおりである。

初校の作業は、斎藤氏と服部が行った。当初の章立てを維持しながら、編集段階で、第Ⅰ部、第Ⅱ部、第Ⅲ部に分けた。そこで、「はじめに」は、各部の内容説明を中心に服部が加筆した。第四章は、柴田先生ご自身が初校段階で推敲をする予定であった。しかしそれが不可能となり、文意・内容を明確にするために、服部が若干の加筆・修正を行った。第五章は、斎藤氏が同様の目的で、注の充実を中心に加筆・修正を行った。その他、各章の校正については、①初出がある場合にはそれにそろえる、②柴田先生が療養中に改変した部分については、先生から服部が託された原稿を斎藤氏と共有し、それに即して校正する、③表記上の統一といった形式的作業を中心に、二人で行った。そして、それぞれが行った加筆・修正が、必要最小限かつ妥当なものであるかを、二人で何度も検討した。表記等、形式的なものについても細部にわたって二人で相談し、確定した。また、各章の副題については、東大出版会からの案を参照しつつ、やはり二人が中心となって決定した。文献表は、斎藤氏が作成の労をとってくださった。再校も二人で作業を進めた。索引は服部が作成した。

田中浩先生には、編集作業の進め方や手順、その他すべてにわたり、大局的かつ全体的な観点から貴重なご助言をいただいたのみならず、作業に不慣れな二人を、さまざまな面から支援していただいた。

田中先生の全面的なお力添えと、斎藤氏との協同作業がなければ、このように順調にご遺著が完成することはなかった。お二人に心より感謝申し上げる。

とはいえ、初校以降の全作業ならびにそれに伴う一切、そして柴田先生ご逝去後に生じた本書をめぐる諸々の事柄に関しては、もし不備があるとすればそれも含め、服部がすべての責任を負うものである。

いまはただ、このご著書が、柴田寿子先生のご意思に適うものとなっていることを、祈るばかりである。

なお、第八章「ポスト形而上学時代における政治的「無神論」」は、『岩波講座　哲学13　宗教／超越の哲学』（二〇〇八年七月刊行）からの転載である。刊行中の講座から本書に収録するにあたっては、岩波書店の特別のご配慮により可能となった。記して厚く御礼申し上げる。

二〇〇九年八月

服部美樹

著者略歴

1955 年　長野県生まれ
一橋大学大学院社会学研究科博士課程単位取得退学
東京大学大学院総合文化研究科（国際社会科学専攻）教授、
　学術博士
2009 年　逝去

主要著書

『スピノザの政治思想――デモクラシーのもうひとつの
　可能性』（未来社，2000 年）
『グローバル化の行方』（共編著，新世社，2004 年）
『思想学の現在と未来』（共著，未来社，2009 年）ほか

リベラル・デモクラシーと神権政治
スピノザからレオ・シュトラウスまで

2009 年 9 月 18 日　初　版
2010 年 1 月 31 日　2　刷

［検印廃止］

著　者　柴《しば》田《た》寿《とし》子《こ》

発行所　財団法人　東京大学出版会
　代 表 者　長谷川寿一
　113-8654 東京都文京区本郷7-3-1 東大構内
　http://www.utp.or.jp/
　電話 03-3811-8814　Fax 03-3812-6958
　振替 00160-6-59964

組　版　有限会社プログレス
印刷所　株式会社ヒライ
製本所　矢嶋製本株式会社

ISBN 978-4-13-010111-0　Printed in Japan

人名索引

あ 行

アーレント(Arendt, H.)　iii-v, 26, 58, 119, 131-155
アイヒマン(Eichmann, K.A.)　135-136, 138, 145
アウグスティヌス(Augustine)　137, 150
アサド(Asad, T.)　200
アドルノ(Adorno, T.W.)　26, 137, 197
イスラエル　(Israel, J.)　73-74
ヴァッティモ(Vattimo, J.)　191-192, 209
ヴェーバー(Weber, M.)　16, 22-23, 158

か 行

ガタリ(Guattari, F.)　193
カプート(Caputo, J.D.)　188-189, 192
カント(Kant, I.)　ii-iv, 4, 40, 55, 111-126, 132, 135-137, 147, 178, 192
ギトン(Guitton, J.)　37-38, 66
キルケゴール(Kierkegaard, S.A.)　192
コーヘン(Cohen, H.)　iv, 17, 46-48, 50-52, 62, 66-67, 77
コノリー　(Connolly, W.E.)　203-205

さ 行

シェイエス(Sieyès, A.)　162-163, 171, 181
シェリング(Schelling, F.W.J.von)　ii, 40
シュトラウス(Strauss, L.)　iii-v, 5-17, 19-35, 39-48, 51-69, 95, 117-118, 123-124, 204-206, 213
シュミット(Schmitt, C.)　iii-v, 22, 44, 54, 66, 79, 88, 97-98, 157-168, 170-184
ショーレム(Sholem, A.)　136, 145
スピノザ(Spinoza, B.de)　ii-vi, 17, 23-25, 38-42, 45-46, 48-53, 57, 60-65, 73-89, 92-93, 98-105, 110, 112, 114-115, 153, 158-160, 162-165, 167-173, 175-178, 181-183, 205
ソクラテス(Sōkratēs)　29, 38, 140

た 行

ディルタイ(Dilthey, W.)　192
デカルト(Descartes, R.)　91, 141, 145, 158, 164, 192
デリダ(Derrida, J.)　188, 193, 195
ドゥルーズ(Deleuze, G.)　193
ドゥルーリィ(Drury, S.)　21-22, 30, 33, 67

な 行

ニーチェ(Nietzsche, F.)　16, 21-22, 27, 33, 53, 136, 145, 189, 191-192, 206
ニーバー(Niebuhr, R.)　6, 28, 30
ネグリ(Negri, A.)　v, 163, 169, 181-182

は 行

ハーバーマス(Habermas, J.)　191-192, 202, 205
ハイデガー(Heidegger, M.)　21-22, 44, 54, 136-137, 142, 145, 147-148, 150, 192-193, 197
バウアー(Bauer, O.)　195
ブーバー(Buber, M.)　iv, 51
フォイエルバッハ(Feuerbach, L.A.)　194
フッカー(Hooker, R.)　14

フッサール(Husserl, E.)　136, 151
プラトン(Platōn)　11, 135, 146
ブルーム(Bloom, A.)　8–9, 22
ヘーゲル(Hegel, G.W.F.)　ii, 40, 43, 55, 92, 142, 188, 191–192, 194, 198
ベーコン(Bacon, F.)　91, 103
ホッブズ(Hobbes, T.)　iv, 12, 14, 42, 52, 66, 77, 81–83, 87–88, 92–98, 104–108, 111, 142, 158–159, 175–177

ま　行

マイモニデス(Maimonides, M.)　25, 40, 49, 57–59, 63–65, 85, 88
マキアヴェッリ(Machiavelli, N.)　12–15, 29, 33, 93
マルクス(Marx, K.)　ii, v, 43–44, 142, 147, 159, 180, 188–189, 194, 196–200, 205–207, 210
ミル(Mill, J.S.)　16, 21
ムフ(Mouffe, C.)　202
メンデルスゾーン(Mendelssohn, M.)　ii, 18, 40, 51, 79, 115, 126, 159, 171, 197
モンテーニュ(Montaigne, M.E.de)　108
モンテスキュー(Montesquieu, C.)　14

や　行

ヤコービ(Jacobi, J.F.)　40

ら　行

ランズマン(Lanzmann, J.)　66
ランブロプロス(Lambropoulos, V.)　197
ルソー(Rousseau, J.-J.)　16, 44, 52, 73, 80, 111, 158, 165–172, 175, 181
レヴィナス(Lévinas, E)　193
レッシング(Lessing, G.H.)　ii, 40
ローゼンツヴァイク(Rosenzweig, F.)　17, 46, 51, 57, 62–63
ローティ(Rorty, R.)　188–193, 201–202, 206
ロールズ(Rawls, J.)　202–203
ロック(Locke, J.)　12, 14, 16, 21, 52, 73, 78, 81, 88, 111

事項索引

あ 行

か 行

さ 行

た 行

な 行

は 行

ま 行

や 行

ら 行

参考文献

Anastaplo, George. 1999. Leo Strauss at the University of Chicago, in *Leo Strauss, the Straussians, and the American Regime,* edited by Kenneth L. Deutsch & John A. Murley, Rowman & Littlefield Publishers.

Arendt, Hannah. 1951. *The Origins of Totalitarianism,* Harcourt Brace.（大久保和郎・大島かおり訳『全体主義の起原1 ～ 3』みすず書房，1972–74 年）

————. 1958. *The Human Condition,* The University of Chicago Press.（志水速雄訳『人間の条件』中央公論社，1973 年）

————. 1964. *Eichmann in Jerusalem,* The Viking Press.（大久保和郎訳『イェルサレムのアイヒマン』みすず書房，1969 年）

————. 1968. *Men in Dark Times,* Harcourt Brace.（阿部斉訳『暗い時代の人々』河出書房新社，1986 年）

————. 1977. *Between Past and Future,* Penguin Books.（引田隆也・齋藤純一訳『過去と未来のあいだ』みすず書房，1994 年）

————. 1978. *The Life of the Mind,* I, II, Harcourt Brace.（佐藤和夫訳『精神の生活（上）（下）』岩波書店，1994 年）

————. 1994. *Essays in Understanding 1930-1954,* Harcourt Brace & Company.

Arendt, Hannah and Scholem, Gershom, 1964. ""Eichmann in Jerusalem" : An Exchange of Letters between GERSHOM SCHOLEM and HANNAH ARENDT," *Encounter*, Vol. XXII No.1.

Asad, Talal. 2003. *Formations of the Secular: Christianity, Islam, Modernity,* Stanford University Press.（中村圭志訳『世俗の形成——キリスト教、イスラム、近代』みすず書房，2006 年）

Bacon, Francis. 1620. Bacon's Novum organum, edited with introduction, notes, etc., by Thomas Fowler, 2nd ed., The Clarendon Press, 1889.（桂寿一訳『ノヴム・オルガヌム』岩波文庫，1979 年）

Baumgold, Deborah. 2000. When Hobbes needed history, in *Hobbes and History,* edited by G. A. J. Rogers and Tom Sorell, Routledge.

Behnegar, Nasser. 2003. *Leo Strauss, Max Weber, and the Scientific Study of Politics,* The University of Chicago Press.

Bendersky, J. W. 1983. *Carl Schmitt: Theorist for the Reich,:* Princeton U. P.（宮本盛

太郎・古賀敬太・川合全弘訳『カール・シュミット論――再検討への試み』御茶の水書房，1984 年）
Benhabib, Seyla. 1996. *The Reluctant Modernism of Hannah Arendt,* Sage Publications.
Blumenberg, Hans. 1966. *Die Legitimität der Neuzeit,* Erneuerte Ausgabe, Suhrkamp, 1988.（斎藤義彦訳『近代の正当性 I　世俗化と自己主張』法政大学出版局，1998 年）
Brumlik, Micha. 1997. Patriotismus und ethischer Unsterblichkeitsglaube: Hermann Cohen, in *Von Jenseits: Jüdisches Denken in der europäischen Geistesgeschichte,* herausgegeben von Eveline Goodman-Thau, Akademie Verlag.
Buber, Martin 1952. *Die Chassidische Botschaft,* Lambert Schneider Verlag.（平石善司訳『ハシディズム』みすず書房，1997 年）
Butler, E. M. 1958. *The Tyranny of Greece over Germany: a Study of the Influence Exercised by Greek Art and Poetry over the Great German Writers of the Eighteenth, Nineteenth and Twentieth Centuries,* Beacon paperback.
Cady, Linell Elizabeth. 1993. *Religion, Theology, and American Public Life,* State University of New York.（渡部正孝訳『アメリカの公共生活と宗教』玉川大学出版部，1997 年）
Caputo, John D. 1993. On Not Circumventing the Quasi-Transcendental: The Case of Rorty and Derrida, in *Working through Derrida,* edited by Gary B. Madison, Northwestern University Press.
――――. 1997. *The Prayers and Tears of Jacques Derrida: Religion Without Religion,* Indiana University Press.
――――. 2007. Atheism, A/theology, and the Postmodern Condition, in *The Cambridge Companion to Atheism,* edited by Michael Martin, Cambridge University Press.
Casanova, José. 1994. *Public religions in the modern world,* The University of Chicago Press.（津城寛文訳『近代世界の公共宗教』玉川大学出版部，1997 年）
Connolly, William E. 2006. Pluralism and Faith, in *Political Theologies: Public Religions in a Post-secular World,* edited by Hent de Vries and Lawrence E. Sullivan, Fordham University Press.
Cristi, Renato. 1998. *Carl Schmitt and Authoritarian Liberalism: Strong State, Free Economy,* University of Wales Press.
Descartes, René 1642. *Meditationes de Prima Philosophia, in Œuvres* VII, ed. par Charles Adam & Paul Tanney, J. Vrin, 1904.（所雄章他『デカルト著作集 2 省

察および反論と答弁』白水社，1973年）
————. 1644. *Principia Philosophiae,* in *Œuvres* VIII–1, ed. par Charles Adam & Paul Tannery, J. Vrin, 1905.（三輪正・本田英太郎訳『哲学原理』デカルト著作集 3，白水社，1973年）
Devigne, Robert. 1994. *Recasting Conservatism: Oakeshott, Strauss, and the Response to Postmodernism,* Yale University Press.
Derrida, Jacques and Caputo, John D. 1997. *Deconstruction in a Nutshell: a Conversation with Jacques Derrida,* Fordham University Press.（高橋透・黒田晴之・衣笠正晃・胡屋武志訳『デリダとの対話――脱構築入門』法政大学出版局，2004年）
Disch, Lisa Jane. 1994. *Hannah Arendt and the Limits of Philosophy,* Cornell University Press.
Drury, Shadia B. 1997. *Leo Strauss and the American Right,* Macmillian Press.
Dyzenhaus, David. 1997. *Legality and Legitimacy: Carl Schmitt, Hans Kelsen and Hermann Heller in Weimar,* Oxford U. P.
Eckstein, Walther. 1933. Zur Lehre vom Staatsvertrag bei Spinoza, in *Zeitschrift für öffentliches Recht,* XIII, Verlag von Julius Springer.
————. 1944. Rousseau and Spinoza: Their Political Theories and their Conception of Ethical Freedom, in *Journal of the History of Ideas,* vol.V, num. 3, June.
Elazer, D.J. 1995. *Covenant and Polity in Biblical Israel,* Transaction Books.
Elshtain, Jean Bethke. 1995. *Augstine and The Limits of Politics,* University of Notre Dam Press.
Esposito, John L. and Voll, John O. 1996. *Islam and Democracy,* Oxford University Press.（宮原辰夫・大和隆介訳『イスラームと民主主義』成文堂，2000年）
Fackenheim, Emil L. and Morgan, Michael L.（eds.）. 1996. *Jewish Philosophers and Jewish Philosophy,* Indiana University Press.
古矢旬．2002年．『アメリカニズム――「普遍国家」のナショナリズム』東京大学出版会.
Gross, Raphael. 1999.“《Jewish Law and Christian Grace》―― Carl Schmitt's Critique of Hans Kelsen,” in Diner, Dan and Stolleis, Michael eds., *Hans Kelsen and Carl Schmitt: A Juxtaposition,* Bleicher Verlag.
————. 2000. *Carl Schmitt und die Juden: eine deutsche Rechstlehre,* Suhrkamp.（山本尤訳『カール・シュミットとユダヤ人――あるドイツ法学』法政大学出版局，2002年）

Guitton, Jean et Lanzmann, Jacques. 1994. *Celui qui croyait au ciel et celui qui n'y croyait pas.,* Editions Desclée de Brouwer.（幸田礼雅訳『神を信じる者と信じない者:ジャン・ギトン vs ジャック・ランズマン』新評論，1995 年）

Habermas, Jürgen. 2003. Was bedeutet der Denkmalsturz? Verschließen wir nicht die Augen vor der Revolution der Weltordnung: Die normative Autorität Amerikas liegt in Trümmern, in *Frankfurter Allgemeine Zeitung* vom 17. April.

Habermas, Jürgen und Ratzinger, Joseph. 2005. *Dialektik der Säkularisierung. Über Vernunft und Religion.* Mit einem Vorwort herausgegeben von Florian Schuler, Verlag Herder GmbH.（三島憲一訳『ポスト世俗化時代の哲学と宗教』岩波書店，2007 年）

Hardt, Michael and Negri, Antonio. 2000. *Empire,* Harvard U. P.（水嶋一憲他訳『帝国』以文社，2003 年）

Hobbes, Thomas. 1651. *Leviathan,* in *The English works,* vol. 3, edited by Sir William Molesworth, Scientia Aalen, 1962.（水田洋・田中浩訳『リヴァイアサン』河出書房新社，1976 年）

Hutchings, Kimberly. 1996. *Kant, Critique and Politics,* Routledge.

市川裕．2004.『ユダヤ教の精神構造』東京大学出版会.

Israel, Jonathan I. 2001. *Radical Enlightenment: Philosophy and the Making of Modernity 1650-1750,* Oxford University Press.

Joxe, Alain. 2002. *L'Empire du chaos: les Républiques face à la domination américaine dans l'après-guerre froide,* La Découverte.（逸見龍生訳『〈帝国〉と〈共和国〉』青土社，2003 年）

Kant, Immanuel. 1784. Beantwortung der Frage: Was ist Aufklärung?, in: *Was ist Aufklärung?: ausgewählte kleine Schriften,* hrsg. von Horst D. Brandt, Felix Meiner Verlag, 1999.（福田喜一郎訳「啓蒙とは何か」『カント全集 14　歴史哲学論集』岩波書店，2000 年）

————. 1785. *Grundlegung zur Metaphysik der Sitten,* hrsg. von Karl Vorländer, Felix Meiner Verlag, 1965.（平田俊博訳「人倫の形而上学の基礎づけ」『カント全集7　実践理性批判・人倫の形而上学の基礎づけ』岩波書店，2000 年）

————. 1798. *Der Streit der Fakultäten,* hrsg. von Klaus Reich, Felix Meiner Verlag, 1959.（角忍・竹山重光訳「諸学部の争い」『カント全集 18　諸学部の争い』岩波書店，2002 年）

Kaplan, Francis. 1990. *Marx Antisémite?,* Imago et Berg International.

加藤典洋．1997.「語り口の問題 —— ユダヤ人問題とはわれわれにとって

何か」『中央公論』1997年2月号，中央公論新社.
河井徳治．1994.『スピノザ哲学論攷』創文社.
Kagan, Robert. 2003. *Of Paradise and Power: America and Europe in the New World Order,* Knopf.（山岡洋一訳『ネオコンの論理』光文社，2003年）
Kesler, Charles R. 1987. *Saving The Revolution: The Federalist Papers and the American Founding,* The Free Press.
古賀敬太．1999.『カール・シュミットとカトリシズム――政治的終末論の悲劇』創文社.
Kristol, Irving. 1979. Confessions of a True, Self-Confessed — Perhaps the Only — Neoconservative, in *Reflections of a Neoconservative: looking back, looking ahead,* Basic Books, 1983.
黒田壽朗．2004.『イスラームの構造――タウヒード・シャーリア・ウンマ』書肆心水.
Laclau, Ernesto and Mouffe, Chantal. 1985. *Hegemony and Socialist Strategy: towards a Radical Democratic Politics,* translated by Winston Moore and Paul Cammack, Verso.（山崎カヲル・石澤武訳『ポスト・マルクス主義と政治　根源的民主主義のために』大村書店，1992年）
Lambropoulos, Vassilis. 1993. *The Rise of Eurocentrism: Anatomy of Interpretation,* Princeton University Press.
Laux, Henri. 1993. *Imagination et Religion chez Spinoza: La Potentia dans l'histoire,* J. Vrin.
Leopold, David. 2007. *The Young Karl Marx: German Philosophy, Modern Politics, and Human Flourishing,* Cambridge University Press.
Levene, Nancy K. 2004. *Spinoza's Revelation: Religion, Democracy, and Reason,* Cambridge University Press.
Levy, Ze'ev. 1989. *Baruch or Benedict: On Some Jewish Aspects of Spinoza's Philosophy,* Peter Lang.
Locke, John. 1689. *A Letter concerning Toleration, in The Works of John Locke: in ten volumes,* vol. VI, Scientia Verlag, 1963.（浜林正夫訳「宗教的寛容に関する書簡」『ホッブズ・ロック・ハリントン』河出書房新社，1962年）
Löwith, Karl. 1986. *Mein Leben in Deutschland von und nach 1933: Ein Bericht,* J. B. Metzler.（秋間実訳『ナチズムと私の生活』法政大学出版局，1990年）
Mack, Michael. 2003. *German Idealism and the Jew: The Inner Anti-Semitism of Philosophy and German Jewish Responses,* University of Chicago Press.
Marx, Karl. 1844. *Zur Judenfrage,* in *Karl Marx/Friedrich Engels Werke,* Band 1, Dietz

Verlag, 1964.（中山元・三島憲一・徳永恂・村岡晋一訳『マルクス・コレクションⅠ　ユダヤ人問題によせて（他）』筑摩書房，2005年）
McAllister, Ted V. 1995. *Revolt Against Modernity: Leo Strauss, Eric Voegelin, and the Search for a Postliberal Order,* University Press of Kansas.
Menzel, Adolph. 1907. Der Sozialvertrag bei Spinoza, in *Zeitschrift für das Private- und Öffentliche-Recht der Gegenwart,* Bd. XXXIV.
三島憲一．1989.「理論と実践の間――フランクフルト学派の逆説的影響」徳永恂編『フランクフルト学派再考』弘文堂.
森孝一．2002.「「宗教国家」アメリカは原理主義を克服できるか？」『現代思想』2002年10月.
森政稔．2002.「現代アメリカと「政治的なもの」の危機」『現代思想』2002年10月.
Mouffe, Chantal. 2006. Religion, Liberal Democracy, and Citizenship, in *Political Theologies: Public Religions in a Post-secular World,* ed. by Hent de Vries and Lawrence E. Sullivan, Fordham University Press.
長尾龍一．1998.「レオ・シュトラウス伝覚え書き」東京大学大学院総合文化研究科国際社会科学専攻編『社會科學科紀要』第47輯.
Negri, Antonio. 1991. *The Savage Anomaly,* translated by Michael Hardt, University of Minnesota Press.（*L'anomalia selvaggia. Saggio su potere e potenza in Baruch Spinoza,* Giangiacomo Feltrinelli Editore, 1981.）
――――. 1997. *Le pouvoir constituant: essai sur les alternatives de la modernité,* PUF.（杉村昌昭・斉藤悦昭訳『構成的権力　近代のオルタナティヴ』松籟社，1999年）
野村真理．1992.『西欧とユダヤのはざま：近代ドイツ・ユダヤ人問題』南窓社.
Novak, David. 2000. *Covenantal Rights: A Study in Jewish Political Theory,* Princeton U. P.
Novek, Simon ed. 1963. *Great Thinkers of the 20th Century,* The B'nai B'rith Department of Adult Jewish Education.（鵜沼秀夫訳『二十世紀のユダヤ思想家』ミルトス出版，1996年）
大貫隆．1997.「ないないづくしの神」宮本久雄・山本巍・大貫隆著『聖書の言語を越えて――ソクラテス・イエス・グノーシス』東京大学出版会.
Pitkin, Hanna Fenichel. 1998. *The Attack of the Blob: Hannah Arendt's Concept of the Social,* The University of Chicago Press.

Pippa, Norris and Inglehart, Ronald. 2004. *Sacred and Secular: Religion and Politics Worldwide,* Cambridge University Press.

Pippin, Robert B. 1995. The Modern World of Leo Strauss, in Kielmansegg, P. G., Mewes, H. and Claser-Schmidt, E.（eds.）, *Hannah Arendt and Leo Strauss: German Émigrés and American Political Thought after World War II,* Cambridge University Press.

Poliakov, Léon. 1968. *De Voltaire à Wagner: Histoire de l'antisémitisme,* tome 3, Calmann-Lévy.（菅野賢治訳『反ユダヤ主義の歴史Ⅲ——ヴォルテールからヴァーグナーまで』筑摩書房，2005 年）

良知力・広松渉編．1986.『ユダヤ人問題』御茶の水書房．

Rorty, Richard. 1989. *Contingency, Irony, and Solidarity,* Cambridge University Press.（齋藤純一・山岡龍一・大川正彦訳『偶然性・アイロニー・連帯——リベラル・ユートピアの可能性』岩波書店，2000 年）

———. 2003. Religion in the Public Square: a Reconsideration, in *Journal of Religious Ethics* 31, no.1.

———. 2005. Anticlericalism and Atheism, in *The future of Religion/Richard Rorty and Gianni Vattimo,* edited by Santiago Zabala, Columbia University Press.

齋藤純一．1996.「民主主義と複数性」『思想』1996 年 9 月号，岩波書店．

Salvatore, Armando. 2007. *The Public Sphere: Liberal, Modernity, Catholicism, Islam,* Palgrave Macmillan.

Schmitt, Carl. 1919. *Politische Romantik,* Duncker & Humblot（6. Aufl., Neusatz auf Basis der 2. Aufl., 1925, Berlin, 1998）（橋川文三訳『政治的ロマン主義』未来社，1982 年）

———. 1921. *Die Diktatur: von den Anfängen des modernen Souveränitätsgedankens bis zum proletarischen Klassenkampf,* Duncker & Humblot.（6. Aufl., Neusatz auf Basis der 2. Aufl., 1928, Berlin, 1994）（田中浩・原田武雄訳『独裁——近代主権国家の起源からプロレタリア階級闘争まで』未來社，1991 年）

———. 1922. *Politische Theologie: vier Kapitel zur Lehre von der Souveränität,* Duncker & Humblot.（7. Aufl., Neusatz auf Basis der 2. Aufl., 1934, Berlin, 1996）（田中浩・原田武雄訳『政治神学』未來社，1971 年）

———. 1923. *Die geistesgeschichtliche Lage des heutigen Parlamentarismus,* Duncker & Humblot.（7. Aufl., Unveränderter Nachdruck der 2. Aufl., 1926, Berlin, 1991）（稲葉素之訳『現代議会主義の精神史的地位』みすず書房，1972 年）

———. 1928. *Verfassungslehre,* Duncker & Humblot.（9. unveränderte Aufl.,

2003, Berlin）（尾吹善人訳『憲法理論』創文社，1972 年）
————. 1938. *Der Leviathan in der Staatslehre des Thomas Hobbes: Sinn und Fehlschlag eines politischen Symbols,* Hanseatische Verlagsanstalt.（長尾龍一訳『リヴァイアサン——近代国家の生成と挫折』福村出版，1972 年）
————. 1940. *Positionen und Begriffe: im Kampf mit Weimar-Genf-Versailles, 1923-1939,* Hanseatische Verlagsanstalt.（3. Aufl., Duncker & Humblot, 1994, Berlin）
————. 1991. *Glossarium: Aufzeichnungen der Jahre 1947-1951,* herausgegeben von Eberhard Freiherr von Medem, Duncker & Humblot.
————. 1950. *Der Nomos der Erde: im Völkerrecht des Jus Publicum Europaeum,* Greven.（4. unveränderte Aufl., Duncker & Humblot, 1997, Berlin）（新田邦夫訳『大地のノモス』福村出版，1976 年）
Schuhmann, Karl. 2000. Hobbes's concept of history, in *Hobbes and History,* edited by G. A. J. Rogers and Tom Sorell, Routledge.
Schwab, G. 1970. *The Challenge of the Exception : An Introduction to the Political Ideas of Carl Schmitt between 1921 and 1936,* Duncker & Humblot.（服部平治・初宿正典・宮本盛太郎・片山裕訳『例外の挑戦』みすず書房，1980 年）
Smith, Gregory Bruce. 1996. *Nietzsche, Heidegger and the Transition to Postmodernity,* The University of Chicago Press.
Smith, Steven B. 2007. Drury's Strauss and Mine, in *Political Theory,* vol.35, No.1.
Skinner, Quentin. 1996. *Reason and Rhetoric in the Philosophy of Hobbes,* Cambridge University Press.
Spinoza, Baruch de. 1663. *Renati Descartes Principiorum Philosophiae, Pars I & II./Cogitata Metaphysica,* in *Spinoza Opera* Bd. I, im Auftrag der Heidelberger Akademie der Wissenschaften, herausgegeben von Carl Gebhardt, C. Winter, 1925.（畠中尚志訳『デカルトの哲学原理　附形而上学的思想』岩波文庫，1959 年）
————. 1670. *Tractatus Theologico-Politicus,* in *Spinoza Opera,* Bd. III, im Auftrag der Heidelberger Akademie der Wissenschaften herausgegeben von Carl Gebhardt, C. Winter, 1925.（畠中尚志訳『神学・政治論—聖書の批判と言論の自由（上）（下）』岩波文庫，1944 年）
————. *Ethica Ordine Geometrico demonstrata,* in *Spinoza Opera,* Bd. II, im Auftrag der Heidelberger Akademie der Wissenschaften, herausgegeben von Carl Gebhardt, C. Winter, 1925.（畠中尚志訳『エチカ—倫理学（上）（下）』岩波文庫，1975 年）
————. *Tractatus-Politicus,* in *Spinoza Opera,* Bd. III, in Auftrag der Heidelberger

Akademie der Wissenschaften, herausgegeben von Carl Gebhardt, C.Winter, 1925.（畠中尚志訳『国家論』岩波文庫，1976 年）
State, S.A. 1989. The religious and the secular in the work of Thomas Hobbes, in *Religion, Secularization and Political Thought: Thomas Hobbes to J.S. Mill,* edited by James E. Crimmins, Routledge.
Steffen, Hermann. 1968. *Recht und Staat im System Spinozas,* H. Bouvier.
Strauss, Leo. 1965. Preface to the English Translation, in *Spinoza's Critique of Religion,* Schocken Books.（高木久夫訳「『スピノザの宗教批判』英語版への序文」スピノザ協会編『スピノザーナ』第 1 号，学樹書院，1999 年／西永亮・飯島昇藏訳「『スピノザの宗教批判』への序言」石崎嘉彦・飯島昇藏訳者代表『リベラリズム古代と近代』ナカニシヤ出版，2006 年）
———. 1989. *The Rebirth of Classical Political Rationalism,* Pangle, T. L.（ed.）, The University of Chicago Press.（石崎嘉彦監訳『古典的政治的合理主義の再生』ナカニシヤ出版，1996 年）
———. 1953（=1950）. *Natural Right and History,* The University of Chicago Press.（塚崎智・石崎嘉彦訳『自然権と歴史』昭和堂，1988 年）
———. 1952. *Persecution and the Art of Writing,* The University of Chicago Press, renewal 1980 by Miriam Strauss.（第二章「迫害と著述の技法」石崎嘉彦訳『現代思想　総特集スピノザ』11月臨時増刊号，1996 年）
———. 1952. Progress or Return?, in *Jewish Philosophy and the Crisis of Modernity, Essays and Lectures in Modern Jewish Thought,* edited with an Introduction by Kenneth Hart Green, State University of New York Press, 1997.
———. 1962. Why We Remain Jews, in *Jewish Philosophy and the Crisis of Modernity, Essays and Lectures in Modern Jewish Thought,* edited with an Introduction by Kenneth Hart Green, State University of New York Press, 1997.
———. 1959. *What Is Political Philosophy? And Other Studies,* The University of Chicago Press, 1988.（石崎嘉彦訳『政治哲学とは何か』昭和堂，1992 年）
———. 1968. *Liberalism Ancient and Modern,* with a New Foreword by Allan Bloom, Cornell University Press, 1989.
———. 1958. *Thoughts on Machiavelli,* The University of Chicago Press, 1984.
———. 1965. *The City and Man,* The University of Chicago Press, 1978.
高橋哲哉．1996.『記憶のエチカ』岩波書店．
多木浩二・内田隆三・大澤真幸・吉見俊哉．1997.「歴史意識について――20 世紀の思想風景（1）」『思想』1997 年 6 月号，岩波書店．
田中浩．1988.「カール・シュミット考――知識人と政治」『思想』1988 年

12月号，岩波書店.
手島勲矢．2006.「スピノザのマイモニデス批判――中世ユダヤのメタファー解釈との関わりで」『スピノザーナ』スピノザ協会年報第7号，学樹書院.
Thacker, Justin. 2007. *Postmodernism and the Ethics of Theological Knowledge,* Ashgate.
坪内隆彦．1997.『キリスト教原理主義のアメリカ』亜紀書房.
Tuck, Richard. 1989. *Hobbes,* Oxford University Press.（田中浩・重森臣広訳『トマス・ホッブズ』未來社，1995年）
植村邦彦．1993.『同化と解放：一九世紀「ユダヤ人問題」論争』平凡社.
上野修．1996.「スピノザの聖書解釈―神学と哲学の分離と一致」『現代思想　総特集スピノザ』1996年11月臨時増刊号，青土社.
梅田百合香．2005.『ホッブズ――政治と宗教』名古屋大学出版会.
Vattimo, Gianni. 2005. The Age of Interpretation, in *The future of Religion/Richard Rorty and Gianni Vattimo,* ed. by Santiago Zabala, Columbia University Press.
Verbeek, Theo. 1999. Spinoza on Theocracy and Democracy, in Force, J. E. and Katz, D. S.（eds.）, *Everything Connects: in Conference with Richard H. Popkin: Essays in His Honor,* Brill.
Vernière, Paul. 1954. *Spinoza et la pensée française avant la révolution,* tome II, PUF.
Walther, Manfred. 1993. Carl Schmitt et Baruch Spinoza : ou les aventures du concept du politique, dans *Spinoza au XXe siècle,* sous la direction de Olivier Bloch, PUF.
和仁陽．1990.『教会・公法学・国家――初期カール＝シュミットの公法学』東京大学出版会.
Wolfson, Murray. 1982. *Marx: Economist, Philosopher, Jew,* Macmillan Press.（堀江忠男監訳『ユダヤ人マルクス』新評論，1987年）
山田俊弘．2002.「ステノとスピノザ――自然の歴史と聖書の歴史」『スピノザーナ』スピノザ協会年報第3号，学樹書院.
安酸敏眞．2003.「H. リチャード・ニーバーのアメリカ文化論」『聖学院大学総合研究所紀要』No.28.
安世舟．1988.「カール・シュミットはワイマール共和国の擁護者であったか」『思想』1988年12月，岩波書店.